离石区工会志

LI SHI QU GONG HUI ZHI

离石区工会志编委会　编

百官鉴察

《百官鉴察》编委会 编

山西出版传媒集团
山西人民出版社

图书在版编目（CIP）数据

百官鉴察／《百官鉴察》编委会编.--太原：山西人民出版社，2016.2
ISBN 978-7-203-09515-6

Ⅰ.①百… Ⅱ.①百… Ⅲ.①政治人物—生平事迹—中国—古代 Ⅳ.①K827=7

中国版本图书馆CIP数据核字（2016）第015344号

百官鉴察

编　　者：《百官鉴察》编委会
责任编辑：武　卫　张慧兵
装帧设计：张慧兵

出 版 者：山西出版传媒集团·山西人民出版社
地　　址：太原市建设南路21号
邮　　编：030012
发行营销：0351-4922220　4955996　4956039　4922127（传真）
天猫官网：http://sxrmcbs.tmall.com　电话：0351-4922159
E-mail：sxskcb@163.com　发行部
sxskcb@126.com　总编室
网　　址：www.sxskcb.com

经 销 者：山西出版传媒集团·山西人民出版社
承 印 厂：山西臣功印刷包装有限公司

开　　本：787mm×1092mm　1/16
印　　张：24
字　　数：300千字
印　　数：1-3000册
版　　次：2016年2月 第1版
印　　次：2016年2月 第1次印刷
书　　号：ISBN　978-7-203-09515-6
定　　价：120.00元

《百官鉴察》编委会

BAIGUAN
JIANCHA

序 言

一部中国史，其实就是一部治乱兴亡不断循环的历史。以治而兴，因乱而亡。何为治？政治是也。子曰：“政者，正也。”以此而言，所谓政治，首先必当正治。不正则倾，倾则危。纵观中国几千年来历代王朝的衰亡，几乎无一不与官场腐败相关。古人云：“物必先腐，而后虫生。”腐源于贪，只要贪，必然腐，一旦腐，终必败。所以，习近平总书记指出：“腐败是社会毒瘤。如果任凭腐败问题愈演愈烈，最终必然亡党亡国。”“中国历史上因为统治集团严重腐败导致人亡政息的例子比比皆是，当今世界上由于执政党腐化堕落、严重脱离群众导致失去政权的例子也不胜枚举！”

司马光说过：“教化，国家之急务也，而俗吏慢之；风俗，天下之大事也，而庸主忽之。夫惟明智君子，深识长虑，然后知其为益之大而收功之远也。”在目前这样一个转型变革的历史时期，反腐教育显得尤为重要。古人云，修身治家平天下。教育干部只有真正筑牢心理防线，构固道德底线，才能达到不想腐的思想境界，形成不想腐的社会氛围。

在中国悠久的历史长河中，清官与贪官同生，忠正与奸佞并存。正反两方面的典型犹如鲜花与毒草，在华夏大地上相伴而长，生生不息。前者被人称颂，名垂青史；后者遭人唾骂，遗臭万年。

“以史为镜，可以知兴替；以人为镜，可以明得失。”一部廿四史，可谓代代有清官，朝朝有贪臣，为后人展示了丰富而深刻的经验与教训。汾酒集团党工部几位年轻同志编著的《百官鉴察》，收录整理了中国历史上廉、贪、忠、奸四个方面的典型人物和生动故事，采用直录史书原文，同时对疑难字句进行注解，并对原文全部翻译，以期达到既不失深刻而又浅显易懂，能够成为当下人们喜闻乐见的一本反腐教材。

参加编辑整理的几位同志均为八〇后的年轻人，他们利用业余时间，翻阅了大量的史料，从中筛选了具有代表性的典型人物和故事，汇编成书。但由于其思想水平、认识水平和文字水平都很有限，又缺乏经验，本书的不足之处自然在所难免，敬请方家正之。

汾酒集团党委书记 王敬民

2015年10月于酒都·杏花村

目 录

廉洁篇

贪腐篇

忠正篇

奸佞篇

廉洁篇

BAIGUAN JIANCHA
LIANJIE PIAN

BAIGUAN
JIANCHA

在中国传统文化中，“廉洁”是从政之本、用权之道，是为官从政的重要准则。古人云，清正在德，廉洁在志。在儒家政治理念中，“清正廉明”、“吏治清廉”一直被视为从政者的主要行为规范。以德正身，才能不为纷扰的世俗所诱惑；以廉明志，才能朝着正确的人生方向迈进。

“廉洁”一词，最早出现在战国时期屈原的《楚辞·招魂》中，“朕幼清以廉洁兮，身服义尔未沫。”东汉著名学者王逸在《楚辞·章句》中说：“不受曰廉，不污曰洁。”古今中外的历史告诉我们，廉德彰则政权稳，廉德丧则政权失。煌煌五千年文明，总有廉洁之清风徐徐吹来。清康熙朝文渊阁大学士陈廷敬的“上官廉，则吏自不敢为贪；上官不廉，则吏虽欲为廉而不可得”，一语道出了为官者在政风、民风引导方面的重要作用。唐代大诗人白居易曾撰文，“蔬食足充饥，何必膏粱珍；缯絮足御寒，何必锦绣文；君家有遗训，清白贻子孙；庶保贫与素，偕老同欣欣。”北宋政治家范仲淹在《瀑布》一诗中写道，“迥与众流异，发源高更孤。下山犹直在，到海得清无？”这些都促使我们不禁发问，为官者能否像范仲淹一样，入仕后内心一如既往地有着永葆清廉本色的大志，又能否像他一样，用自己清正的一生作出圆满回答？能否在初入官场时劈波斩浪，排除险阻，又能否以“到海得清无”自问、自警，在浸淫宦海多年后仍能激浊扬清，出淤泥而不染？

本篇收录的23篇廉政故事中，廉洁奉公、严辞拒绝者有之，固守清俭、悬堂警示者有之，高风亮节、事后退还者有之，清廉刚正、撰文拒贿者有之。他们如兰花，清香典雅，饱含正气；像莲花，出淤泥而不染；似梅花，铁骨冰心，凌寒留香；似竹子，挺拔洒脱，生而有节。历史的车轮滚滚向前，但是他们的清廉形象光耀千年。淡泊名利，清风拂袖身自正；曲直分明，正气在胸威自生。德行好，则清正；意志坚，则清廉。疾小不加理，浸淫将遍身。为官者在群众心目中有如青松立于天地间，更应树立清正廉洁的志向，时刻保持理智，牢记心中志向，坚定道德底线，做到“心不动于微利之诱，目不眩于五色之惑”。

“道自微而生，祸自微而成。”领导干部在为官用权的每一刻，当努力做到“五不”，即眼不花，辨得清方向，看得清是非；耳不偏，听得进诤言，避得了谗言；嘴不馋，管得住嘴巴；手不伸，抵得了诱惑，拒得了贿赂；腿不软，管得住自己的腿，定得了自己的神。唯有如此，方能在风斜雨急处站得稳脚，花浓柳艳处着得眼高，路径危险处回得头早。

箕子：观箸知变　隐而自洁

箕子（公元前1097年—公元前1004年），名胥余，纣王的叔父，殷商末期人。曾任太师等职。

原文：

箕子者，纣亲戚也。纣始为象箸，箕子叹曰："彼为象箸，必为玉桮[1]；为桮，则必思远方珍怪之物而御之矣。舆马宫室之渐自此始，不可振也。"纣为淫泆[2]，箕子谏，不听。人或曰："可以去矣。"箕子曰："为人臣谏不听而去，是彰君之恶而自说于民，吾不忍为也。"乃被髪详狂而为奴。遂隐而鼓琴以自悲，故传之曰《箕子操》。

——《史记·卷三十八·宋微子世家第八》

注释：

[1]桮：同“杯”，盛酒、水、茶等的器皿。

[2]淫泆（yì）：恣纵逸乐。

译文：

箕子是纣王的亲戚。起初纣王想制作象牙筷子，箕子就叹息道：“他现在想制作象牙筷子，将来肯定还想要制作玉杯；制作了玉杯，就一定还想收罗远方的稀世珍宝据为己有。车马宫殿的奢侈豪华也必定会由此开始，国家肯定无法振兴了。”由于纣王的荒淫无度，箕子屡次进谏，纣王依旧不听。有人劝箕子说：“你可以离开了。”箕子说：“做臣子的向君主进谏，君主不听，我就离他而去，这是在宣扬君主的过失而取悦于百姓，我不忍心那样做。”箕子于是就披头散发、假装疯疯癫癫做了奴隶。从此隐居弹琴悲叹自己内心的愤懑，流传的曲子叫《箕子操》。

启示：

见微知著是思想家的一个重要特征。身为三贤之一的太师箕子不是害怕象牙筷子本身，而是担心因象牙筷子而引发的一系列后果：象牙筷子需与犀碗玉杯相配，犀碗玉杯也只能盛山珍海味，吃山珍海味就需要配锦衣华车，住玉宇琼楼……奢华的潘多拉盒子一旦打开，欲望的多米诺效应就会立刻显现，欲望接踵而至，贪婪如影随形。

箕子透过一双象牙筷子看到纣王欲壑难平，为殷商王朝的前途命运深感担忧。以酒为池，悬肉为林，奢靡腐化的社会风气使得曾经强大的殷商王朝在纣王帝辛手中轰然倒塌。不能说纣王想做象牙筷子的一次动机就直接导致商朝的灭亡，但是他这种恣纵逸乐、不听忠言的行为为商朝的灭亡埋下了种子。纵观当下官场，先贪针后贪金的例子不胜枚举。从落马贪官的警示录、忏悔录中我们不难发现，他们中大多数初涉官场时都胸怀大志，但权力的膨胀、私欲的泛滥、环境的影响，使得他们从收受小礼品、土特产时的心惊胆颤、如坐针毡，到权钱交易时的心安理得，最后发展为堂而皇之的主动索贿，一步步走向身陷囹圄的不归路。“勿以善小而不为，勿以恶小而为之。”张口时想一想该不该说，伸手时想一想能不能要，迈腿时想一想能不能去。为官者，当慎独、慎初和慎微，只有管住小节，才能永葆廉洁本色。

子罕：以不贪为宝　守宝舍美玉

子罕（生卒年不详），春秋时宋国大夫，曾任宋国司城，位列六卿。

原文：

宋人或得玉，献诸子罕。子罕弗受。献玉者曰："以示玉人，玉人以为宝也，故敢献之。"子罕曰："我以不贪为宝，尔以玉为宝，若以与我，皆丧宝也。不若人有其宝。"稽首而告[1]曰："小人怀璧，不可以越乡。纳此以请死也。"子罕置诸其里[2]，使玉人为之攻之，富而后使复其所。

——《左传·襄公十五年》

注释：

[1]稽首而告：献玉人跪拜着所述。稽首，跪拜。

[2]置诸其里：把献玉人安置在自己的住所。里：乡里，文中指子罕所居住的地区。

译文：

宋国有人得到一块玉石，就献给子罕。子罕不接受。献玉的人说："我给玉工看过，玉工说是宝物，所以才进献给您。"子罕说："我把不贪作为宝物，你把玉石作为宝物，如果你把玉石给了我，我们两人就都丧失了宝物，不如各自享有各自的宝物。"献玉的人跪拜着对子罕说："小人带着玉璧，是不能够越过乡里的，把它送给您是想免于一死。"子罕把献玉人安置在自己的住所，让玉工为他雕琢玉石，等因出售美玉富有以后，才让他回到家里。

启示：

子罕巧妙拒玉的故事中，不能说献玉者以美玉为宝的做法有错，不能苛责追求物质财富的行为不妥，毕竟玉是宝，自然界十分稀少，但是凭借自我智慧能在文化王国得以充实，却也堪称精神的富翁。不贪是高尚的行为和修养，是很难战胜的"诱惑"。子罕巧妙拒玉故事中的献玉者早已湮没在历史长河之中，但拒玉的子罕却流芳千古。

为官者，尤其是党员领导干部，应当以不贪为宝，以全心全意为人民服务为宝，以带头树立良好家风为宝；应当崇廉拒腐，尚俭戒奢；应当廉洁从政，廉洁用权，廉洁修身，廉洁齐家，把牢世界观、人生观、价值观的“总开关”，特别是在面对诱惑、陷阱时，保持清醒头脑，时刻警钟长鸣，在感情上把握住原则，在行动上把握住分寸，在生活上把握住小节，做到政治上清醒、经济上清楚、生活上清白，守好自己的精神家园。

百里奚：劳不坐乘　暑不张盖

百里奚（公元前723年—公元前626年），姓百里，名奚，字子明，春秋楚国宛邑（今河南南阳）人，另说为虞国（今山西平陆）人。人称“五羖大夫”，曾任秦相。

原文：

五羖大夫之相秦也，劳不坐乘[1]，暑不张盖[2]，行于国中，不从车乘，不操干戈，功名藏于府库，德行施于后世。五羖大夫死，秦国男女流涕，童子不歌谣，舂[3]者不相杵[4]。此五羖大夫之德也。

——《史记·卷六十八·商君列传第八》

注释：

[1]乘（shèng）：古代称四匹马拉的车，一辆为一乘。

[2]盖：车篷、伞。

[3]舂：把东西放在石臼或乳钵里捣掉皮壳或捣碎。

[4]杵：舂米或捶衣的木棒。

译文：

百里奚出任秦相，劳累了也不坐车，大热天也不打伞，走遍国内，不用车辆，也不带防卫的武器。他的功名流传千古，藏于府库，他的德行传扬于后世。百里奚死时，秦国的男男女女都痛哭流涕，连小孩儿也不再唱歌，正在舂米的人也不喊号子了。这就是五羖大夫的德行啊！

启示：

百里奚在主持秦国国政期间，“谋无不当，举必有功”，辅佐秦穆公倡导文明教化，内修国政，外图霸业，秦国开始崛起。他虽为秦相，但依旧能“劳不坐乘，暑不张盖”，“心与牛而为一”的主张与习近平总书记外出不扰民、节俭而惜民的理念不谋而合，有着异曲同工之妙。当今社会，唯有亲民者才能爱民，唯爱民者才能为民造福，唯为民造福者才能赢得民心。领导干部让别人打伞，还是为别人打伞，反映出两种不同的价值观。只有时时处处为群众撑起遮风挡雨的“大伞”，人民群众才会尊敬他。

反观当前，少数领导干部下基层，了解情况靠“听汇报、看报告、查简报”，外出调研时隔着玻璃看，坐着车子转，中午吃顿饭，拍拍肩膀好好干，全然罔顾“公仆”二字对领导干部身份的意义。更有甚者，利用人民赋予的权力，以权谋私，欺压百姓，致使民怨沸腾。与百里奚死后百姓痛哭流涕相比，当前市民放鞭炮庆祝贪腐官员落马的现象，到底是难堪了谁?

季文子：妾不衣帛　马不食粟

季文子（？—公元前568年），春秋时期鲁国大夫，曾任鲁国正卿。

原文：

季文子相宣、成，无衣帛之妾，无食粟之马。仲孙它[1]谏曰："子为鲁上卿，相二君矣，妾不衣帛，马不食粟，人其以子为爱，且不华国乎！"文子曰："吾亦愿之。然吾观国人，其父兄之食麤[2]而衣恶者犹多矣，吾是以不敢。人之父兄食麤衣恶，而我美妾与马，无乃非相人者乎！且吾闻以德荣为国华，不闻以妾与马。"

文子以告孟献子，献子囚子之七日。自是，子服之妾衣不过七升之布，马饩[3]不过稂莠[4]。文子闻之，曰："过而能改者，民之上也。”使为上大夫。

——《国语·卷第四·鲁语下》

注释：

[1]仲孙它（tuō）：子服它，孟献子的儿子。

[2]麤（cū）：汉字“粗”的异体。糙米，粗粮。

[3]饩（xì）：赠送人的粮食或饲料。

[4]稂莠：形状像禾苗而妨害禾苗生长的杂草。

译文：

季文子担任鲁宣公和鲁成公的相国时，小妾不穿丝绸衣服，马厩中的马也不喂粮食。仲孙它劝他说：“你可是鲁国的上卿，曾做过两朝君主的国相，可你的小妾不穿丝绸衣服，马不吃粮食，恐怕别人以为你吝啬，况且对齐国而言也不光彩！”季文子说：“我何尝不希望妾能穿得好，马能吃得好？但是，我看到齐国百姓，他们的父兄吃粗粮穿差衣的还不少，所以我不敢那样做。别人的父兄吃粗粮穿破旧衣服，如若我让小妾穿得好，马也吃得好，恐怕这不是一国之相该做的事吧！况且我听说可用嘉言懿行给国家增添光彩的，却从未听说能用小妾和马来给国家增添光彩的。”

季文子把此事告诉孟献子，献子将儿子子服关了七天。从此以后，子服的小妾穿的都是粗布衣服，喂马的饲料都是些杂草。季文子知道后，说：“犯了错误能及时更正的人，就是人上人了。”于是他让子服做了上大夫。

启示：

季文子全面主持鲁国之政，达到了“若朝亡之，鲁必夕亡”的地步，但他并没有利用权力，谋一己之私。相反，他“妾不衣帛，马不食粟”，艰苦朴素，克俭持家，开一代简朴之风。

俗话说得好，“栽什么树苗结什么果，撒什么种子开什么花”。季文子身体力行，言传身教，注重家教，注重家风，整个家族繁荣昌盛数百年。假如季文子听信谗言，随波逐流，其个人乃至整个家族的命运将走向何方，不言而喻。审视当前社会，因家风不正、家教不严而出现“坑夫”的妻子、“坑爹”的二代、“坑子”的家长不胜枚举。无数鲜活的事例告诉我们，当好家庭的“掌门人”，常打“预防针”，架设“高压线”，弘扬传承好家风，才能走得通，走得正，走得远。

公仪休：嗜鱼拒鱼　名传千古

公仪休（生卒年不详），春秋时期鲁国人，曾任鲁国博士、宰相等职。

原文：

公仪休者，鲁博士也。以高弟[1]为鲁相。奉法循理，无所变更，百官自正。使食禄者不得与下民争利，受大者不得取小。

客有遗相鱼者，相不受。客曰："闻君嗜鱼，遗君鱼，何故不受也？"相曰："以嗜鱼，故不受也。今为相，能自给鱼；今受鱼而免，谁复给我鱼者？吾故不受也。"

食茹[2]而美，拔其园葵而弃之。见其家织布好，而疾出其家妇，燔[3]其机，云"欲令农士工女安所雠[4]其货乎"？

——《史记·卷一百一十九·循吏列传第五十九》

注释：

[1]高弟：才优而品第高。

[2]茹：菜。

[3]燔（fán）：形声。从火，番声。本义：焚烧。

[4]雠（chóu）：售，给价。

译文：

公仪休是鲁国的博士。凭优异的才学做了鲁国的国相。他遵奉法度，依理行事，丝毫没有改变规制，因此百官都自觉端正言行。他下令为官者不许和百姓争利，做大官的不许贪占小便宜。

有个客人给他送鱼，他不肯接受。客人说："听说您很爱吃鱼才送鱼来，为什么不接受呢？"公仪休说："正因为我很爱吃鱼，才不能接受啊！现在我做国相，自己还买得起鱼吃；如果我因为收下你的鱼而被免官，今后谁还肯给我送鱼？所以我决不能收！"

公仪休吃了自家蔬菜感觉很好吃，就把家中菜园里的葵菜都扔掉。看见自家织的布很好，就立刻把家中织妇赶出家门，并烧毁了织布机。他说："让菜农和织妇到哪里卖掉他们的东西呢？"

启示：

公仪休嗜鱼拒鱼的故事，千百年来之所以被传为美谈，是因为他能够清醒认识个人好恶与名节操守之间的关系，始终做到管住小节，抵御诱惑，慎其所好。因此，如何对待爱好，也是检验为官者能否廉洁从政的一块“试金石”。实践证明，如果官员不能把好爱好关，一些别有用心之人就会投其所好，抓住其把柄进而操纵和牵制官员为其谋利。

为官者应严格守住“爱好关”，牢牢把握住自己的兴趣爱好，做到爱之有节，好之有度，淡然处之，低调对待。同时，要像公仪休那样，注意强化自控能力，做到“嗜鱼”而不“受鱼”，千万不能任“爱好”膨胀，变成“恶好”，导致自己身陷囹圄。要保持清醒的头脑，从小处着手，抓早抓小，在日常工作中严格自律，从拒收一条鱼、一包烟、一瓶酒等点滴行为开始，做到“拒腐蚀，永不沾”。

孔奋：身处膏腴　严不自润

孔奋（生卒年不详），字君鱼，扶风郡茂陵县（今陕西兴平）人，东汉大臣。曾任议曹掾、武都郡郡丞等职。

原文：

建武五年，河西大将军窦融请奋署议曹掾[1]，守姑臧长。八年，赐爵关内侯。时天下扰乱，惟河西独安，而姑臧称为富邑，通货羌胡，市日四合，每居县者，不盈数月辄致丰积。奋在职四年，财产无所增。事母孝谨，虽为俭约，奉养极求珍膳。躬率妻子，同甘菜茹[2]。时天下未定，士多不修节操，而奋力行清洁，为众人所笑，或以为身处脂膏，不能以自润，徒益苦辛耳。奋既立节，治贵仁平，太守梁统深相敬待，不以官属礼之，常迎于大门，引入见母。

陇蜀既平，河西守令咸被征召，财货连毂[3]，弥竟川泽。惟奋无资，单车就路。姑臧吏民及羌胡更相谓曰："孔君清廉仁贤，举县蒙恩，如何今去，不共报德！"遂相赋[4]敛牛马器物千万以上，追送数百里。奋谢之而已，一无所受。既至京师，除[5]武都郡丞。

——《后汉书·卷三十一·郭杜孔张廉王苏羊贾陆列传第二十一》

注释：

[1]曹掾：分曹治事的属吏，胥吏。

[2]菜茹：代指粗茶淡饭。

[3]连毂：一车接一车，形容车辆众多。

[4]赋：给予，亦特指生成的资质。

[5]除：任命官职。

译文：

建武五年，河西大将军窦融邀请孔奋代理议曹掾，并担任姑臧长。建武八年，封他为关内侯。当时天下动荡不安，只有河西地区比较安定，姑臧被人们称为富县，可以与羌胡进行贸易，每天有四次集市。姑臧的每一任县官，上任没多久便都富裕起来。任职四年，孔奋的财产却一点也没有增加。他对母亲非常孝顺，虽然自己生活俭朴，却经常以美食孝敬母亲，妻子儿女却只吃普通饭菜。当时天下尚未安定，士大夫都不修节操，而孔奋却以清廉行事，被众人所嘲笑，有人说他身处富县，却没能使自己富裕起来，纯属自讨苦吃。孔奋十分注重节操，施政以轻徭薄赋、仁义平和为本，太守梁统对他十分敬重，不以官员的礼节相待，经常亲自到大门口迎接，将其介绍给自己的母亲。

平定陇西和蜀地后，河西地区的太守和县令都被征召入京，官员的财物塞满了车。只有孔奋没有钱财，坐着一辆空车上路了。姑臧的百姓们都说："孔奋清廉仁义，全县都蒙受他的恩惠，他离去后，我们拿什么报答他的恩德呢？"于是全县百姓凑集了成千上万的牛马器物，追了数百里送给孔奋。他拜谢之后，什么都没有拿。孔奋到达京城后，被任命为武都郡丞。

启示：

孔奋身处膏腴，却严不自润。身处富裕之县任职四年，财产无所增，如此严以修身、严以用权、严以律己，深受姑臧县人民爱戴，被征召入京时，百姓自发百里相送，足见孔奋的官品与官魂。

"三年清知府，十万雪花银"，身处官场，手握重权，如孔奋者可谓凤毛麟角。当下，高精尖人才"孔雀东南飞"，公务员考试"千人争一岗"的现象时有发生，可偏远山区的职位却无人问津。明眼人打眼一瞧就知道，这看中的都是职位背后的利益。基于此动机，如何能做到全心全意为人民服务？到头来，大都为"孔方兄"所服务了。令人遗憾的是，不少曾经清廉的好干部，抵挡不住糖衣炮弹的攻击，身处膏腴，竞相自肥，最终坑了国家，害了自己，带坏了队伍，败坏了社会风气。有鉴于此，为官用权要时刻注意自己的言行举止，要洁身自好，做一个有高尚品德的人，不要将自己手中的权力沦为谋取私利的工具，否则，权力会如同“脱缰的野马”，肆无忌惮，为所欲为，最终必将受到党纪、法律的严惩。

杨震："四知"生暮夜　清风扬千年

杨震（？—124年），字伯起，弘农郡华阴县（今陕西华阴）人，东汉大臣。曾任荆州刺史、东莱太守、太仆、太常、司徒、太尉等职。

原文：

当之郡，道经昌邑[1]，故所举荆州茂才[2]王密为昌邑令，谒见，至夜怀金十斤以遗震。震曰："故人知君，君不知故人，何也？"密曰："暮夜无知者。"震曰："天知，神知，我知，子知。何谓无知！"密愧而出。后转涿郡太守。性公廉，不受私谒。子孙常蔬食步行，故旧长者或欲令为开产业，震不肯，曰："使后世称为清白吏子孙，以此遗之，不亦厚乎！"

——《后汉书·卷五十四·杨震列传第四十四》

注释：

[1]昌邑：在今山东，兖州金乡县西北。

[2]茂才：东汉为避光武帝刘秀的讳而称秀才为“茂才”。秀才，指才能优秀的人，是汉代作为举荐人员的科目之一。

译文：

当杨震赴任时，路过昌邑，先前他推举的荆州茂才王密正做昌邑县令，去看杨震，夜里怀揣十斤金子来赠送给杨震。杨震说：“作为老朋友，我是了解你的，你却不了解我，这是怎么回事呢？”王密说：“夜里没有人知道这事。”杨震说：“天知，地知，我知，你知，怎么说没人知道！”王密自感惭愧而退出。后来杨震转任为涿郡太守。他为人奉公廉洁，不接受私事请托，子孙常常吃素菜，出门步行。老朋友中有人想让他为子孙置办产业，杨震不肯，说：“让后代人说他们是清官的子孙，把这个‘产业’留给他们，不也是很丰厚的吗？”

启示：

“深夜拒金公典型，千秋史册永垂青。词严义正四知德，应是为官座右铭。”很多人看来，王密送金无非是感谢杨震昔日提携之恩，一没有讨要好处，二没有主观恶意，杨震婉拒未免有些“做作”。殊不知，千丈之堤，以蝼蚁之穴溃；百尺之室，以突隙之烟焚。

现实生活中，一些公仆辜负党和人民的重托，利用人民赋予的权力谋取私利，中饱私囊。他们缺乏对杨震践行的“夜惕四知”的理解，个个心怀鬼胎，心存侥幸，最终一步步走上了犯罪的不归路。一些高学历、高智商、高职务的人，在犯罪前，几乎都权衡过利弊得失，之所以走上犯罪的道路，有的自认为犯罪技术手段高明，有的自认为铁哥们可靠，还有的自认为在夜幕掩盖下的犯罪勾当无人知晓。其实，正像杨震说的黑夜都有“四知”，还有什么罪恶能够存入“保险箱”呢？杨震用“四知”告诫自己和他人，为官务必做到人前人后一个样，有人没人一个样，努力做到“风动云动星不动，水涨船高岸不移”，始终保持一颗廉洁奉公之心，干净做事，清白做人。

羊续：悬鱼拒贿　疾奢崇俭

羊续（142年—189年），字兴祖，兖州太山郡平阳县（今山东邹城）人，东汉大臣。曾任扬州庐江郡太守、荆州南阳郡太守等职。

原文：

贼既清平，乃班宣政令，候民病利[1]，百姓欢服。时权豪之家多尚奢丽，续深疾之，常敝衣薄食，车马羸败。府丞尝献其生鱼，续受而悬于庭；丞后又进之，续乃出前所悬者以杜其意。续妻后与子祕俱往郡舍，续闭门不内，妻自将祕行，其资藏唯有布衾[2]、敝袛裯[3]，盐、麦数斛而已，顾敕祕曰："吾自奉若此，何以资尔母乎？"使与母俱归。

——《后汉书·卷三十一·郭杜孔张廉王苏羊贾陆列传第二十一》

注释：

[1]候民病利：候，问候，询问；民，老百姓；病，害民的；利，利民的。

[2]布衾：布被。

[3]裯（dāo）：短衣。

译文：

贼人被清剿后，羊续在郡中颁布新政，为百姓兴利除害，百姓都欢悦臣服。当时有权有势的人都崇尚奢侈华丽，羊续对此深恶痛绝，因而常常身穿破衣，吃粗粮，乘坐的车马也很简陋。府丞曾将活鱼献给他，羊续收下后却把鱼悬挂在院中，府丞后来又进献鱼，羊续便把先前悬挂的鱼拿给他看，告诫他以后不要再送了。羊续的妻子和儿子羊祕到郡中找他，他却不让进门，妻子想让羊祕留下自己回，可是羊续的财产只有几件破旧的衣裳，盐和麦只有几斗而已。羊续告诫儿子羊祕说："我只有这些，怎么养活得了你的母亲呢？"于是让羊祕和他的母亲一起回去了。

启示：

"羊续累迁太守官，赠鱼高挂示人还。礼钱三万何能及，袍子单衣腰不弯。"羊续的一生，在世时清政廉洁，不贪不占；即将离世时还嘱咐下人和妻儿后事一切从简，切莫大操大办。一条鲜鱼并非贵重的财物，但羊续却能够坚守为官的原则，"不以恶小而为之"。古人云："不虑于微，始成大患；不妨于小，终亏大德"。小恶不注意，必酿成大祸。鲜鱼虽小，但正是这些看似平常的小事，往往能反映一名领导干部的作风和形象。"勿轻小事，小隙沉舟；勿轻小物，小虫毒身。"为官者不妨学习羊续，正人先正己，常修律己之心，达到既不伤和气又让送礼人望而却步的目的，使自己永葆清廉之操守。

刘宠：一钱太守　清约省素

刘宠（生卒年不详），字祖荣，东莱牟平（今山东牟平）人。东汉大臣，曾任东平陵县令、大鸿胪、司空、司徒、太尉等职。

原文：

山民愿朴，乃有白首不入市井者，颇为官吏所扰。宠简除烦苛，禁察非法，郡中大化。征为将作大匠[1]。山阴县有五六老叟，龙[2]眉皓发，自若邪山谷间出，人赍[3]百钱以送宠。宠劳之曰："父老何自苦？"对曰："山谷鄙生，未尝识郡朝。它守时吏发求民间，至夜不绝，或狗吠竟夕，民不得安。自明府下车以来，狗不夜吠，民不见吏。年老遭值圣明，今闻当见弃去，故自扶奉送。"宠曰："吾政何能及公言邪？勤苦父老！"为人选一大钱受之。

——《后汉书·卷七十六·循吏列传第六十六》

注释：

[1]将作大匠：中国古代官名，掌管宫室修建之官。将作监的长官，战国始置，历代沿革，名称不一但职掌大致相同。

[2]尨（máng）：杂色。

[3]赍（jī）：拿东西给人，送给。

译文：

山里的老百姓朴实敦厚，有的竟然活到年老都没有进过城里，他们往往被官吏所烦扰。刘宠废除了那些烦琐的规章制度，禁止扰民的行为，郡中大为开化，老百姓安居乐业，朝廷召他担任将作大匠。山阴县有五六位老翁，眉毛头发都白了，从若邪山谷里出来，每人拿了一百文钱，送给刘宠。刘宠说："各位老前辈为什么要这样苦了自己呢？"他们说："山谷里的人鄙陋，从没见过郡守。别的太守在任时，派官吏到民间征发索取，白天黑夜从不间断，有时狗叫一整夜，百姓不得安宁。自从您上任以来，夜里听不见狗叫，百姓也看不到官吏。我们老年人难得逢此太平盛世，遇到如此贤明的太守，现在听说您要离开了，因此我们特意为您送行。"刘宠说："我的政绩哪里达到几位长者所说的地步呢？你们辛苦了啊！"于是从每人手中挑了一枚较大的钱收下了。

启示：

清初的监察御史杨维乔在刘宠墓前题诗："居官莫道一钱轻，尽是苍生血作成。向使特来抛海底，莒波赢得有清名。"一钱太守刘宠前后连任二郡太守，多次任卿相要官，均能严于自律，心系百姓，因而所辖之地百姓安居乐业，社会祥和稳定，被颂为太平盛世。离职之时，百姓自愿奉钱相送，刘宠感恩父老，取一钱留念，此事成为千古美谈。所收的一钱，在刘宠看来，已不是一般意义上的钱，而是山阴县乡民的心。正是刘宠太守在"盛情难却"之下的明智之举，揽得千古美名。

十八大之后，在反腐的高压态势下，仍有部分党员领导干部不收敛，不收手，终致身陷囹圄。在他们眼中，一钱如草芥，万金不嫌重，"苟非吾之所有，虽一毫而莫取"的古训早已充耳不闻，贪污腐化，营私舞弊，官德沦丧，最终锒铛入狱，受到法律严惩！

一千多年后的清朝，乾隆帝南巡时路过刘宠曾经为官的地方，有感于他的清廉，当场挥笔题七绝诗一首"循吏当年齐国刘，大钱留一话千秋。而今若问亲民者，定道一钱不敢留。"古代官吏尚能清廉如此，对照古人，今人更应仿效前贤亲民爱民！

吴隐之：笑酌贪泉　砥砺清节

吴隐之（？—414年），字处默，濮阳鄄城（今山东鄄城）人，东晋大臣。曾任中书侍郎、广州刺史、御史中丞、度支尚书等职。

原文：

广州包带山海，珍异所出，一箧之宝，可资数世，然多瘴疫，人情惮焉。唯贫窭[1]不能自立者，求补长史[2]，故前后刺史皆多黩货[3]。朝廷欲革岭南之弊，隆安中，以隐之为龙骧将军、广州刺史、假节，领平越中郎将。未至州二十里，地名石门，有水曰贪泉，饮者怀无厌之欲。隐之既至，语其亲人曰："不见可欲，使心不乱。越岭丧清，吾知之矣。"乃至泉所，酌而饮之，因赋诗曰："古人云此水，一歃[4]怀千金。试使夷齐饮，终当不易心。"及在州，清操逾厉，常食不过菜及干鱼而已，帷帐器服皆付外库，时人颇谓其矫，然亦终始不易。帐下人进鱼，每剔去骨存肉，隐之觉其用意，罚而黜焉。元兴初，诏曰："夫孝行笃于闺门，清节厉乎风霜，实立人之所难，而君子之美致也。龙骧将军、广州刺史吴隐之孝友过人，禄均九族，菲己洁素，俭愈鱼飧。夫处可欲之地，而能不改其操，飨惟错之富，而家人不易其服，革奢务啬，南域改观，朕有嘉焉。可进号前将军，赐钱五十万、谷千斛。"

及卢循寇南海，隐之率厉将士，固守弥时，长子旷之战没。循攻击百有余日，逾城放火，焚烧三千余家，死者万余人，城遂陷。隐之携家累出，欲奔还都，为循所得。循表朝廷，以隐之党附桓玄，宜加裁戮，诏不许。刘裕与循书，令遣隐之还，久方得反。归舟之日，装无余资。及至，数亩小宅，篱垣仄陋，内外茅屋六间，不容妻子。刘裕赐车牛，更为起宅，固辞。寻拜度支尚书、太常，以竹篷为屏风，坐无毡席[5]。后迁中领军，清俭不革，每月初得禄，裁留身粮，其余悉分振亲族，家人绩纺以供朝夕。时有困绝，或并日而食，身恒布衣不完，妻子不沾寸禄。

——《晋书·卷九十·列传第六十》

注释：

[1]贫窭（jù）：贫穷的人。

[2]长史：官名，长史是中国历史上职官名，其执掌事务不一，但多为幕僚性质的官员，亦称为别驾。

[3]黩（dú）货：贪污纳贿。

[4]歃（shà）：古人盟会时，嘴唇涂上牲畜的血，表示诚意。

[5]氈席（zhān）：毡制的铺垫用具。

译文：

广州地区倚山靠海，出产奇珍异宝，一箱珍宝，可供几代人生活。然而瘴疫泛滥，人们十分害怕。只有贫寒不能自立的人，要求补长史。因此前后刺史中多又皆贪赃枉法者。朝廷想要革除五岭以南的弊病，隆安年间，任吴隐之为龙骧将军、广州刺史、假节，并兼任平越中郎将。离广州治所二十里处，有个地方叫石门，有一道泉水，被称为贪泉，传说人只要一喝泉水，就会有无尽的贪欲。吴隐之到达这里，对他周围的亲人说："不看到可产生贪欲的东西，就能使心境保持不乱，越过五岭就使人丧失清廉，我是知道了。"于是他来到泉旁，舀了一碗泉水喝下去，并作诗说："古人云此水，一歃怀千金，试使夷齐饮，终当不易心。"吴隐之在广州，更加砥砺自己清廉的节操，经常吃的不过是蔬菜和干鱼而已，帷帐、用具与衣服都交付外库办理，当时的人认为他是故意作假，然而他却始终如一。帐下人给他送鱼时，经常剔去骨刺，只剩鱼肉，吴隐之觉察到用意后，责罚并开除了他。晋安帝元兴初年，朝廷下诏说："在家恪尽孝道，在困难环境中砥砺清高节操的，实在是一般人难于办到的，而又是君子的美德。龙骧将军、广州刺史吴隐之孝顺友爱，超过常人，俸禄均分给九族，廉洁朴素，以干鱼为食，非常节俭。身处物欲之地能不改操守，在海物杂错的富庶环境中，家人服装依旧。革除奢侈，务求节俭，使得岭南风俗为之改观，对此我有嘉奖。可将吴隐之进封为号前将军，赐给钱五十万，粮食一千斛。”

卢循进犯南海时，吴隐之率将士固守城池，长子旷之战死。卢循攻打了一百多天，翻墙入城后放火，烧了三千多家，死了一万余人，城池被攻破。吴隐之携家眷出逃时，被卢循所俘获。卢循上奏朝廷，说吴隐之依附于桓玄，应予以处死，皇帝下诏不准。刘裕给卢循写信，命令他让吴隐之回京，过了很久，卢循才同意吴隐之还京。吴隐之乘船返回时，除了行李，没有多余的钱财。他回到京城后，只住几亩大的小宅院，篱笆与院墙又矮又窄，内外茅屋总共六间，连妻子儿女都住不下。刘裕赐给吴隐之牛车，又为他修造宅院，他坚决拒绝。不久，吴隐之被授为度支尚书、太常，他仍以竹篷为屏风，家中没有可坐的氈席。后来他被调任中领军，清廉俭朴之风不改，每月初得到的俸禄，留下自家的口粮，其余都分别赈济亲戚、族人，家人靠自己纺织以供家用。家中有困难的时候，有时两天吃一天的粮食，身上总是穿带补丁的衣服，妻子儿女一点也不能分享他的俸禄。

启示：

官员能否保持清廉，关键在于强化拒腐防变的内因，不能怪罪于客观条件。有的干部连饮贪泉水的勇气和信心都没有，甚至未饮贪泉水却早已腐化堕落。这就告诫为官执政者，要严以修身、严以律已，增强自身免疫力，杜绝走向腐败之路；要时时刻刻心不贪、嘴不馋、手不伸、色不恋，事事处处廉洁奉公、勤政为民、一身正气、两袖清风，常存如临深渊、如履薄冰的意识，常反省自己的言行是否符合人民利益和党的工作要求，想群众之所想、急群众之所急、解群众之所困，把时间和精力都放在为党和人民事业服务上。

庾荜：清身率下　无钱入殓

庾荜（？—502年），字休野，新野（今河南新野）人，南北朝时期南朝齐大臣。曾任司徒谘议参军、骠骑功曹参军、尚书左丞、辅国长史等职。

原文：

郁林王即位废，掌中书诏诰，出为荆州别驾。仍迁西中郎谘议参军，复为州别驾。前后纲纪[1]，皆致富饶。荜再为之，清身率下，杜绝请托，布被蔬食，妻子不免饥寒。明帝闻而嘉焉，手敕褒美，州里荣之。

迁司徒谘议参军、通直散骑常侍。高祖平京邑，霸府建，引为骠骑功曹参军，迁尚书左丞。出为辅国长史、会稽郡丞、行郡府事。时承凋弊之后，百姓凶荒，所在谷贵，米至数千，民多流散，荜抚循甚有治理。唯守公禄，清节逾厉，至有经日[2]不举火。太守永阳王闻而馈之，荜谢不受。天监元年，卒，停尸无以殓，柩[3]不能归，高祖闻之，诏赐绢百匹，米五十斛[4]。

——《梁书·卷五十三·列传第四十七》

注释：

[1]纲纪：治理，管理。

[2]经日：整日。

[3]柩（jiù）：装着尸体的棺材。

[4]斛（hú）：中国旧量器名，亦是容量单位，一斛本为十斗，后来改为五斗。

译文：

郁林王萧昭业即位不久，就被废掉了，庾荜掌管中书诏告，出任荆州别驾。又升任西中郎将谘议参军，后来官复原职，担任荆州别驾。前前后后的荆州别驾，都发了大财。庾荜两次担任这一职务，都以身作则，廉洁奉公，不请客送礼，穿的是布衣，吃的是粗茶淡饭，妻子儿女都难免有饥寒之苦。齐明帝听到他的事迹，称赞不已，亲自写诏书对他进行褒奖，州中之人都觉得这是极大的荣耀。

此后，庾荜升任司徒谘议参军、通直散骑常侍之职。梁武帝平定京城，建立霸业，庾荜被任用为骠骑功曹参军，又升任尚书左丞。出任辅国长史、会稽郡丞、行郡府事。当时正值战乱之后，民生凋敝，又遇灾荒，会稽郡谷价昂贵，一石米价格涨到数千钱，百姓流亡的很多。庾荜抚慰百姓，颇有成绩。他平时就只领取公家给他的俸禄，清正廉洁，此时对自己要求更加严格，甚至有时候因柴米匮乏，家里一整天不生火。会稽太守永阳王听到这消息，便赠送一些东西给他。可庾荜极力推辞，不肯接受。天监元年，庾荜去世。去世之后，因家中没有钱，尸体停放家中没法更衣下棺，灵柩也买不回来。梁武帝听说了这件事，下诏赏赐绢一百匹，米五十斛。

启示：

庾荜一生清正廉洁，唯守公禄，不贪图富贵，此为自律之心；同时他爱民为民，做了不少实事，取得了颇多政绩，终成一代良吏。不难发现，廉洁自律不仅是为官者应该具备的基本素质和道德准则，也是干事创业、为国为民的前提和保证。不越底线，不图私利，才能刚正不阿，不被“糖衣炮弹”击中；不碰红线，牢记宗旨，才能秉公用权，不为“盛情难却”所掣肘。党员干部手握权力，肩负重任，要敢于抛弃“私利包袱”，不为私欲所动，不为私利所惑，轻装上阵，把心思从保住位子、追逐权力转移到干事创业上来，遇事不退缩、不逃避、不害怕，这样才能无愧于手中的权力，无愧于群众的信任，无愧于党的重托。

江湛：无兼衣余食　不经营财利

江湛（生卒年不详），字徽渊，济阳考城（今河南兰考）人。南北朝时期南朝宋大臣。曾任著作佐郎、侍中、左卫将军、吏部尚书等职。

原文：

元嘉二十五年，征为侍中，任以机密，领本州大中正，迁左卫将军。时改选学职，以太尉江夏王义恭领国子祭酒，湛及侍中何攸之领博士。二十七年，转吏部尚书。家甚贫约[1]，不营财利，饷馈[2]盈门，一无所受，无兼衣余食。尝为上所召，值浣衣，称疾经日，衣成然后赴。牛饿，驭人求草，湛良久曰："可与饮。"在选职，颇有刻核[3]之讥，而公平无私，不受请谒，论者以此称焉。

——《宋书·卷七十一·列传第三十一》

注释：

[1]贫约：贫穷。

[2]饷馈：馈赠。

[3]刻核：苛刻。

译文：

元嘉二十五年，征召江湛为侍中，将朝廷机密之事委任于他，领本州大中正，升任左卫将军。当时更选学校官员，由太尉江夏王刘义恭领国子祭酒，江湛和侍中何攸之领博士。元嘉二十七年，转任吏部尚书。江湛家里十分贫寒却不图谋钱财，馈赠财物的人挤满门槛，可是他一件也不收受。他没有换洗的衣服和多余的粮食。曾经有一次皇上召见他，正赶上家中洗衣服，他便自称有病挨了一天，衣服晾干后才去赴诏。有一次牛饿了，驾车人找他要草料，江湛过了好大一阵才说："可以让它喝水了。"他任吏部尚书时选用官员，有不少人讥讽他过于苛刻，但他公平无私，不接受请客求告，评论他的人因此对他非常称赞。

启示：

江湛，权势赫赫、长期执掌官员选拔，官至吏部尚书，堪称"热官"；生活却俭朴素寒，牛无草可吃，家无兼衣余食，以"冷做"而闻名朝野。

有人说当官是高危职业，那“热官”必定是超高危职业。吏部尚书，掌管全国官吏的任免、考课、升降、调动、封勋等事务，为中央六部尚书之首。如此位高权重，自然成为意欲晋升者、谋私者的公关对象，各种诱惑纷至沓来，各种算计不期而至，各种馅饼从天而降。江湛却做到上不负主，中不侈亲，下不阿贵，以本色做人的冷静、位高不谋私的操守、宠辱不惊的定力和得失无意的心态，赢得了帝王的褒奖，史官的认可，百姓的崇拜。

贿随权集，考究落马的高官豪贪，贪污腐化的起因往往是失去了紧握的权柄，错把公权当私权，把“潜规则”当行为准则，逐渐放弃了勤俭节约的底线，慢慢养成了奢靡享乐的恶习，最后走上了违法犯罪的不归路。为官者应当自敲警钟，时刻警醒，以谨慎之心对待权力，以淡泊之心对待名利，以警惕之心对待诱惑，以“无兼衣余食，不经营财利”的江湛为榜样，鉴之、勉之、践行之！

赵轨：廉洁若水　心中有民

赵轨（生卒年不详），河南洛阳人，北周、隋朝大臣。曾任北周卫州治中、隋原州总管司马、硖州刺史、寿州总管长史等职。

原文：

轨少好学，有行检[1]。周蔡王引[2]为记室，以清苦闻。迁卫州治中。

高祖受禅，转齐州别驾，有能名。其东邻有桑，葚落其家，轨遣人悉拾还其主，诫其诸子曰："吾非以此求名，意者[3]非机杼之物，不愿侵人。汝等宜以为诫。"在州四年，考绩连最。持节使者郃阳公梁子恭状上，高祖嘉之，赐物三百段，米三百石，征轨入朝。父老相送者，各挥涕曰："别驾在官，水火不与百姓交，是以不敢以壶酒相送。公清若水，请酌一杯水奉饯。”轨受而饮之。既至京师，诏与奇章公牛弘撰定律令格式。

时卫王爽为原州总管，上见爽年少，以轨所在有声，授原州总管司马。在道夜行，其左右马逸入田中，暴人禾。轨驻马待明，访禾主酬直而去。原州人吏闻之，莫不改操。

后数年，迁硖州刺史，抚缉萌夷[4]，甚有恩惠。寻转寿州总管长史。芍陂旧有五门堰，芜秽不修。轨于是劝课人吏，更开三十六门，灌田五千余顷，人赖其利。秩满归乡里，卒于家，时年六十二。

——《隋书·卷七十三·列传第三十八》

注释：

[1]行检：操行，品行。

[2]引：举荐。

[3]意者：此处表测度。

[4]萌夷：百姓。萌，通“氓”；夷，侪，辈，们。

译文：

赵轨从小好学，有品行。周蔡王引荐他做了记室，因清贫刻苦而知名。后升任卫州治中。

隋高祖登基后，赵轨转任齐州别驾，民间流传着能干的好名声。他家东边邻居有棵桑树，桑葚落到了他家，赵轨派人把桑葚全都拾起来还给它的主人，并告诫他的儿子说：“我不是用这种行为来求得名声，我想不是自己劳作得来的东西就不要拿。你们应该引以为戒。”他在齐州四年，考核政绩连年第一。持节使者郃阳公梁子恭上奏朝廷后，隋高祖嘉奖了赵轨，赏赐给他三百件物品，三百石米，征召他入朝。送别他的乡亲父老挥泪说：“别驾在位时，与百姓秋毫无犯，因此不敢以酒相送。先生清廉如水，请允许我们斟上一杯清水为您饯行吧。”赵轨接过来把水喝了。到了京城之后，皇帝下令让赵轨与奇章公牛弘撰写制定法律。

当时卫王杨爽担任原州总管，皇帝见杨爽年轻，而赵轨的政声很好，就任命赵轨为原州总管司马。半夜在路上走着，赵轨手下人的马跑进了稻田里，踏坏了农民的庄稼。赵轨停下马等到天明，偿付了庄稼的主人的钱才离开。原州的官吏听说这件事，没有不改变操行的。

几年后，赵轨任硖州刺史，安抚聚合各族人民，很有恩惠。不久，他被任命为寿州总管长史。芍陂原来有五门堰，年久失修。赵轨于是鼓励督促官吏和百姓，又开设了三十六个出水口，灌溉田地五千多余顷，百姓因此得到好处。赵轨为官期满回到故乡，在家中去世，终年六十二岁。

启示：

西汉历史学家刘向在《说苑》中曾说道，“君人者，以百姓为天。百姓与之则安，辅之则强，非之则危，背之则亡。”身为齐州最高长官的赵轨在离任时父老含泪相送，依依惜别，与他在位时廉洁若水、心中有民不无关系。

有一首名叫《江山》的歌，唱出了共产党人的心声。“打江山，坐江山，一心为了老百姓的苦乐酸甜；谋幸福，送温暖，日夜不忘老百姓康宁团圆；老百姓是地，老百姓是天，老百姓是共产党员永远的挂念；老百姓是山，老百姓是海，老百姓是共产党生命的源泉。”正如歌中所唱的那样，党员领导干部要深怀感恩之心，全心全意为人民群众谋利益，扎扎实实当好人民勤务员。

梁毗：哭金拒金　点醒蛮夷

梁毗（？—610年），字景和，安定乌氏（今甘肃平凉）人。隋朝大臣，曾任西宁州刺史、刑部尚书、御史大夫等职。

原文：

在州十一年。先是，蛮夷酋长皆服金冠，以金多者为豪俊，由此递相陵夺[1]，每寻干戈，边境略无宁岁。毗患之。后因诸酋长相率以金遗毗，于是置金坐侧，对之恸哭而谓之曰："此物饥不可食，寒不可衣。汝等以此相灭，不可胜数。今将此来，欲杀我邪？"一无所纳，悉以还之。于是蛮夷感悟，遂不相攻击。高祖闻而善之，征为散骑常侍、大理卿。处法平允[2]，时人称之。岁余，进位上开府。

——《隋书·卷六十二·列传第二十七》

注释：

[1]陵夺：侵凌劫夺。

[2]处法平允：安排处理事情公平得当。

译文：

梁毗在西宁州任职十一年。此前，蛮夷酋长都戴金冠，以金多者为豪俊，因此互相侵夺，常常大动干戈，边境全无宁日。梁毗很担心。后来借着各位酋长争相把金子赠送给自己的机会，把金子放在座位旁边，对金子痛哭道："这个东西，饿了不能吃，冷了不能穿。你们因为它而互相残杀，死的人难以数计。如今把这东西拿来，是想杀我吗？"梁毗一点金子都不要，全部还给他们。于是蛮夷酋长有所感悟，就不再互相攻击了。高祖听说此事后，认为他做得很好，调他入京任散骑常侍、大理卿。他处理案件公平适当，世人都称赞他。一年多后，加授上开府。

启示：

自古都有见钱眼开的人，对于送上门来的金银财宝，一般人都是求之不得，喜笑颜开。然而，隋朝大理卿梁毗却见金而哭，警觉到："今将此来，欲杀我邪？"梁毗哭金，让我们见识了清廉之人面对诱惑不为所动的高贵品行。

在现实社会里，某些领导干部信奉"当官就是为了发财"的为官信条，一朝有权，便绞尽脑汁，想法捞钱，设法获利，大搞权钱交易，最终财聚人败，自己也为人民所唾弃。党员领导干部要时刻警醒自己，时刻检点自己，牢记党的宗旨与使命，清正廉洁，立党为公，做到自觉遵守廉洁从政的各项规定，管住自己的嘴、手、脚，不该吃的坚决不吃，不该拿的坚决不拿，不该去的坚决不去，用一言一行，以一举一动在群众中树立起一名党员领导干部的良好形象。

崔玄暐：遵母教诲　清廉洁己

崔玄暐（637年—706年），博陵安平（今河北安平）人，唐朝大臣。曾任库部员外郎、天官郎中、凤阁舍人、天官侍郎、凤阁侍郎、同平章事等职。

原文：

崔玄暐，博陵安平人也。父行谨，为胡苏令。本名晔，以字下体有则天祖讳[1]，乃改为玄暐。少有学行，深为叔父秘书监行功所器重。龙朔中，举明经，累补库部员外郎。其母卢氏尝诫之曰："吾见姨兄屯田郎中辛玄驭云：'儿子从宦者，有人来云贫乏不能存，此是好消息。若闻资货[2]充足，衣马轻肥，此恶消息。'吾常重此言，以为确论。比见亲表中仕宦者，多将钱物上其父母，父母但知喜悦，竟不问此物从何而来。必是禄俸余资，诚亦善事。如其非理所得，此与盗贼何别？纵无大咎[3]，独不内愧于心？孟母不受鱼鲊[4]之馈，盖为此也。汝今坐食禄俸，荣幸已多，若其不能忠清，何以戴天履地？孔子云：'虽日杀三牲[5]之养，犹为不孝。'又曰：'父母惟其疾之忧。'特宜修身洁己，勿累吾此意也。"玄暐遵奉母氏教诫，以清谨见称。寻授天宫郎中，迁凤阁舍人。

——《旧唐书·卷九十一·列传第四十一》

注释：

[1]讳：死去的皇帝或尊长的名字。

[2]赀货：资财货物。

[3]大咎：大的过错。

[4]鱼鲊（zhǎ）：一种用盐和红曲腌的鱼。

[5]三牲：古时祭祀用的供品，分大三牲（猪、牛、羊）和小三牲（鸡、鸭、鱼）两种。

译文：

崔玄暐，博陵安平人。父亲崔行谨，任胡苏县令。崔玄暐，本名晔，因字的右边华为武则天祖父的名讳，于是改为玄暐。年轻时学习就很好，为叔父秘书监崔行功所器重。龙朔年间，参加明经科考试，几次补任库部员外郎，他的母亲卢氏曾告诫他说："我听表兄屯田郎中辛玄驭说：'儿子做了官，有人说他穷的生活不下去了，这的确是好消息；但听到他钱财充足，穿轻裘骑肥马，这又是坏消息。’我很重视这句话，认为这是很实在的看法。看见表亲中做官的，把许多钱物上交给父母，父母只知喜，始终不问这些钱财从何而来。如果确定是俸禄中所用之剩余，这也确实是大好事；如果是用不合理手段得到的，这与盗贼又有什么区别呢？纵容子女这样，这就是大错，难道不有愧于心吗？孟母不接受像鱼鲊这样小的馈赠，大概就是因为这个缘故吧！你现在坐吃俸禄，得到的荣幸已经很多，如果不能忠诚清廉，怎么能在世上站得住脚呢？孔子说：‘即使每天宰杀三牲奉养父母，仍然是不孝顺的。’又说：‘父母担忧的是子女的过失。’这些话提醒人要修身洁己，不要辜负了我的这番心意。”崔玄暐遵奉母亲的教导，做官以清廉谨慎见称。不久，崔玄暐授天官郎中，又升迁凤阁舍人。

启示：

也许有人会说，崔母未免矫枉过正。做官的人为什么这么穷？如果真的穷到连生活都维持不了，还能期望他廉洁自守么？这是人们常说的厚俸养廉的问题。诚然，官吏也是人，也得吃饭穿衣，如果官吏生活无着，当然也就很难处理政事了。但是官吏的清廉与否恐怕不能以俸之厚薄为前提条件，因为厚与不厚是相对的，如果以厚为前提，贪官污吏就会永远以“不厚”为理由“合理地”大贪特贪了。

1200年后的今天，崔母教诲儿子的话仍然没有失去它的意义。遗憾的是，当今一些为“官”而腐败者，除了个人思想逐渐蜕化这个根本原因之外，也往往与他们的亲属不仅不监督钱财的来源，还再三怂恿其多谋资财有关。有鉴于此，当今为官者，应该常思崔母教诲。

杜暹：巧拒赠金　清廉谨慎

杜暹（？—740年），濮州濮阳（今河南濮阳）人。曾任婺州参军、郑县县尉、大理评事、监察御史等职，官至宰相。

原文：

开元四年，以监察御史覆屯碛[1]西。会安西副都护郭虔瓘与西突厥可汗阿史那献、镇守使刘遐庆更相讼，诏暹即按。入突骑施[2]帐，究索左验。虏以金遗暹，暹固辞，左右曰："公使绝域，不可失戎心。"乃受焉，阴埋幕下。已出境，乃移文畀取之。突厥大惊，度碛追，不及，去。迁给事中，以母丧解。会安西都护张孝嵩迁太原尹，或言暹往使安西，虏伏其清，今犹慕思，乃夺服拜黄门侍郎兼安西副大都护。……守边四年，抚戎练士，能自勤励[3]，为夷夏所乐。

——《新唐书·卷一百二十六·列传第五十一》

注释：

[1]碛（qì）：沙漠。

[2]突骑施：唐朝一边远部落，属于西突厥，当时隶属于安西都护府。

[3]勤励：勤劳奋勉。

译文：

开元四年，杜暹以监察御史的身份前往漠西检查屯田。正值安西副都护郭虔瓘与西突厥可汗阿史那献、镇守使刘遐庆互相控告，诏令杜暹查明事实。杜暹进入突骑施营帐，以查究他们与郭虔瓘等人冲突的情况。番虏人以黄金相赠，杜暹坚决推辞，旁边的人说："您远道出使绝域，不可辜负了番虏人的情意啊！"杜暹在不得已的情况下接受了黄金，暗中埋在幕帐之下。出境以后，他才传书让虏人收取。突厥大惊，越过沙漠追赶他，没有赶上，只好回去。杜暹升任给事中，因母亲去世辞去官职回家守丧。适逢安西都护张孝嵩升任太原尹，有人说杜暹以前出使安西，虏人佩服他清廉，至今仍思念仰慕他，于是杜暹丧期未满起任安西副大都护兼黄门侍解。……杜暹守卫边疆四年，安抚番虏人，不怕劳苦，很得少数民族和汉人的拥戴。

启示：

正所谓“鱼贪饵，容易上钩；人贪利，终落陷阱。”假如杜暹接受了西突厥的礼金，又怎能做到秉公调查双方的争执？在杜暹看来，“心足则物常有余，心贪则物常不足”，拿了不该拿的东西，就是贪。正常馈赠事小，官德溃堤才是大事儿，为官者不能不加以警惕。

心一不足，那么眼里见的、心中想的也就是如何得到财物了。罪莫大于可欲，祸莫大于不知足。在当前反腐力度越来越大，制度的笼子越织越密的情况下，个别官员总以为自己很聪明，拿点别人送的财物没人知道，其实是掩耳盗铃罢了。为官者要正确处理好知足与知不足的关系，才能得以超越自我，才能做到“存，吾顺世；没，吾宁也”，才能做到“任凭风浪起，稳坐钓鱼船”。

方克勤：洁己爱民　不贪功名

方克勤（1326年—1376年），字去矜，号愚庵，宁海（浙江宁海）人，明朝大臣。曾任山东济宁知府等职。

原文：

洪武二年辟县训导，母老辞归。四年征至京师，吏部试第二，特授济宁知府。

时始诏民垦荒，阅三岁乃税。吏征率不俟期，民谓诏旨不信，辄弃去，田复荒。克勤与民约，税如期。区田为九等，以差等征发，吏不得为奸，野以日辟。又立社学数百区，葺孔子庙堂，教化兴起。盛夏，守将督民夫筑城，克勤曰："民方耕耘不暇，奈何重困之畚锸。"请之中书省，得罢役。先是久旱，遂大澍[1]。济宁人歌之曰：

"孰罢我役？使君之力。孰活我黍？使君[2]之雨。使君勿去，我民父母。"视事三年，户口增数倍，一郡饶足。

克勤为治以德化为本，不喜近名，尝曰："近名必立威，立威必殃民，吾不忍也。"自奉简素[3]，一布袍十年不易，日不再肉食。……永嘉侯朱亮祖尝率舟师赴北平，水涸，役夫五千浚河。克勤不能止，泣祷于天。忽大雨，水深数尺，舟遂达，民以为神。八年入朝，太祖嘉其绩，赐宴，遣还郡。

——《明史·卷二百八十一·列传第一百六十九》

注释：

[1]澍（shù）：及时的雨。

[2]使君：指方克勤。

[3]简素：简约朴素。

译文：

洪武二年，征召方克勤为县训导，他因母亲年迈就辞官回家了。洪武四年，征召到京城，吏部考核为第二，特此授予济宁知府。

恰逢此时开始，皇帝下诏号召百姓开垦荒地，过三年后才开始交税。然而当地官吏没到三年的期限，就要征税，人们声称皇帝的诏旨不可信，于是就弃田离去，田地又荒废了。方克勤就与百姓互相订约，到期收税。区分田地为九等，按等级差别征收调发，官吏不得做不法之事。同时，方克勤又设立学堂几百所，修缮孔子庙堂，兴起教学文化的风尚。盛夏，守城将领督使百姓修筑城墙，方克勤说："百姓这时正在种地，都忙不过来。"就写信到中书省，请求停止服役。由于当时久遇干旱，而在此时，济宁却大降及时雨。济宁人歌颂他说："是谁免去我们的劳役？是使君的力量。是谁救活了我们的庄稼？是使君的甘霖之雨。使君就像我们百姓的父母。"他任职三年，人口增加了几倍，整个县郡都丰饶富足。

方克勤以德治理作为根本，不贪图功利名誉。他曾经说："追求名声必定要树立威望，树立威望必定要祸害人民，我不忍心。"他生活简洁朴素，一件布袍穿了十年也不更换，一天不吃两顿肉。……永嘉侯朱亮祖曾经率领船队开赴北平，河水干涸，准备使用劳役五千多人疏浚河道。方克勤不同意，哭着向天祈祷。忽然天降大雨，水深达几尺，船队得以顺利通过，百姓认为方克勤是神。洪武八年，方克勤入朝，太祖皇帝嘉奖他的功绩，赏赐宴席，送他回济宁。

启示：

方克勤为政济宁，处事低调，淡泊名利，"视事三年，户口增数倍，一郡饶足。"他大兴教化之风，体恤百姓疾苦，为百姓请命，代百姓祈祷上天，终感天动地，解民之忧，被百姓视为神圣。

名利是检验官员品格的试金石。有的干部醉心于追名逐利，为了升迁，不择手段，心中只有权力和官位，到头来却落得机关算尽太聪明，反误了锦绣前程。有的干部一心只想着为民办事，为民解忧，淡泊名利，看淡权位，到头来却为民拥戴，成为千古传诵的好官。正如臧克家诗中所言："有的人骑在人民头上：'呵，我多伟大！'有的人，俯下身子给人民当牛马。骑在人民头上的，人民把他摔垮，给人民作牛马的，人民永远记住他！"

如何正确对待名利，的确值得人们深思。

轩輗：自俭治奢　孤傲特行

轩輗（生卒年不详），字惟行或惟衡，河南鹿邑（今河南鹿邑）人，明朝大臣。曾任浙江按察使、刑部尚书等职。

原文：

正统元年清军浙江，劾不职官四十余人。五年言："祖宗设御史官，为职綦[1]重。今内外诸司有事，多擅遣御史，非制，请禁之。"立报可。是年，超擢浙江按察使。前使奢汰，力矫之。寒暑一青布袍，补缀殆遍，居常蔬食，妻子亲操井臼。与僚属约，三日出俸钱市肉，不得过一斤。僚属多不能堪。故旧至，食惟一豆。或具鸡黍，则人惊以为异。

天顺元年二月召拜刑部尚书。数月，引疾乞归。帝召见，问曰：

"昔浙江廉使考满归，行李仅一簏[2]，乃卿耶？"輗顿首谢。赐白金慰遗之。明年，南京督理粮储缺官，帝问李贤，大臣中谁曾居此职者。贤以輗对，且称其廉。乃命以左都御史往。八年夏以老乞骸骨，不待报径归。抵家趣具浴，欠伸而卒。

輗孤峭，遇人无贤否，拒不与接。为按察使，尝饮同僚家，归抚其腹曰："此中有赃物也。"在南都，都御史张纯置酒延客。輗恶其汰，不往。彻馔[3]遗之，亦不纳。岁时诣礼部拜表庆贺，屏居一室，撤烛端坐，事竣竟归，未尝与僚友一语。僚友闻其来，亦辄避去，不乐与之处。量颇褊隘。御史有讦人阴私者，辄奖其能。尝令御史劾南京祭酒吴节，节亦发輗私事，众颇不直輗。

——《明史·卷一百五十八·列传第四十六》

注释：

[1]綦（qí）：极，很。

[2]簏（lù）：用竹篾编的盛零碎东西的小篓。

[3]彻馔：撤去食物。

译文：

正统元年，轩輗在浙江整顿军队，弹劾不称职的官员四十多位。正统五年，他进言说："祖宗设立御史官，该职位极为重要。现在朝廷内外各个部门有事，大多擅自派遣御史，不合旧制，请求禁止。"正统皇帝立刻答复准奏。这一年，他被破格提升为浙江按察使。前任按察使奢侈，轩輗大力矫正这种风气。无论寒暑，都穿一件青色布袍，几乎打满了补丁。在家只吃蔬菜粗食，妻子儿女亲自汲水舂米。他和同僚下属约定：每三天，拿出俸禄买肉，不能超过一斤。僚属大多不能忍受。故人旧友来访，吃的也只有黄豆。有时他备办了鸡肉和小米，人们就感到惊讶。

天顺元年二月轩輗任刑部尚书。几个月后，他托病辞官，请求回乡。皇上召见他，问道："以前浙江清廉的按察使任满回京，行李只有一只竹箱，说的是你吗？"轩輗叩首回答。皇上赏赐白银安慰并准许他退休。第二年，南京督理粮储缺少官员，皇上问李贤，大臣中有谁担任过这个职务，李贤以轩輗作答，并且称赞他廉洁。皇上于是任命轩輗为左都御史身份前往。天顺八年夏，因年老请求告老还乡，不等批复，径直回家。到家之后，催促家人为他准备洗澡，伸伸懒腰，便去世了。

轩輗为人孤傲严厉，遇到人无论贤能与否，拒绝交往。他做按察使时，曾在同僚家中饮酒，回家后摸着肚子说："这里面有赃物！"在南都任职时，都御史张纯置办酒席，宴请宾客，轩輗厌恶他的奢侈，不去赴宴；张纯撤下菜肴送给他，他也不吃。逢年过节到礼部上奏章庆贺，总是屏退别人，独居一室，撤去蜡烛，正襟危坐，事情办完之后直接回家，不和同僚说一句话。同僚听说他来，也就躲开离去，不愿意与他交往。

启示：

轩輗之事，看罢怃然。官至浙江按察使的轩輗，寒暑只有一袭青袍，在当今看来，真是太过“寒碜”！轩輗临终曾告诫儿子：“吾食吾禄，民脂民膏，下民易虐，上天难欺。尔等日后从仕，切记洁身自好，要清廉自律。”想想当前，有的身为人民公仆却被网民戏谑为“表叔”“表哥”，名表十几块；食不厌精，脍不厌细；住则高楼大厦，行则前呼后拥。相比之下，寒暑只有一青袍的轩輗真是相形见绌。轩輗天顺八年去世，寿衣就是那件补缀殆遍的旧青布袍。轩輗的临终遗言，字字千钧，发人深思，可挂在任何一位父母官的厅堂，以供诫勉。只可惜那补缀殆遍的青布袍早已化为泥土，否则也该让官员们时时观瞻，以此为鉴，以正衣冠！

杨继宗：惜才兴学　力持风节

杨继宗（1426年—1488年），字承芳，山西阳城（今山西阳城）人，明代大臣。曾任嘉兴知府、浙江按察使、右佥都御史、湖广按察使等职。

原文：

成化[1]初，用王翱荐，擢嘉兴知府。以一仆自随，署斋[2]萧然。性刚廉孤峭[3]，人莫敢犯。而时时集父老问疾苦，为祛除之。大兴社学，民间子弟八岁不就学者，罚其父兄。遇学官以宾礼。师儒竞劝，文教大兴。御史孔儒清军[4]，里老多挞死[5]。继宗榜曰："御史杖人至死者，诣府报名。"儒怒。继宗入见曰："为治有体。公但剔奸弊，劝惩官吏。若比户稽核[6]，则有司事，非宪体也。"儒不能难，而心甚衔之。濒行，突入府署，发箧视之，敝衣数袭而已，慑惭而去。中官过者，继宗遗以菱芡、历书。中官索钱，继宗即发牒取库金，曰："金具在，与我印券。"中官咋舌不敢受。入觐，汪直欲见之，不可。宪宗问直朝觐官孰廉，直对曰："天下不爱钱者，惟杨继宗一人耳。"

九载秩满，超迁浙江按察使。数与中官张庆忤。庆兄敏在司礼，每于帝前毁继宗。帝曰："得非不私一钱之杨继宗乎？"敏惶恐，遗书庆曰："善遇之，上已知其人矣。"闻母丧，立出，止驿亭下，尽籍廨中器物付有司。惟携一仆、书数卷而还。

——《明史·卷一百五十九·列传第四十七》

注释：

[1]成化：明宪宗朱见深的年号。

[2]署斋：官署书斋。

[3]孤峭：品性孤傲，不与众人和同。

[4]清军：整顿军队。

[5]挞死：鞭挞致死。

[6]稽核：查核；查考。

译文：

成化初年，因王翱推荐，杨继宗升任为嘉兴知府。杨继宗赴任时仅有一个仆人跟随，官署书斋也很冷清。他生性刚正廉洁孤傲，没人敢冒犯他。然而他却经常召集父老询问疾苦，帮他们解决困难。又大力兴办社学，乡间的孩子年满八岁不入学的，则要处罚他们的父亲兄长。杨继宗每遇到学官时都以礼相待，教师儒生竞相劝学，文化教育全面振兴。御史孔儒清理军籍，里长多被鞭挞而死。杨继宗张榜告示说："有被御史杖责致死的，到府上报告姓名。"孔儒十分恼怒。杨继宗进去谒见说："治理要有一定规矩，您只管剔除奸邪弊病，奖惩官吏。像挨家挨户稽查考核的事情，则是地方官府之事，不是御史的事。"孔儒不能责难，但心里却非常恨他。临行前，孔儒突然闯入杨继宗府中，打开杨继宗的箧子察看，里面只有旧衣数件而已，孔儒惭愧而去。有经过嘉兴的太监，杨继宗赠给他们的只是菱角、芡实之类的东西和历书。宦官们索要钱财，杨继宗当即发出公牒去领取库中金银，说："金钱都在，请给我立下印券。"宦官吓得咋舌不敢接受。杨继宗入宫觐见，汪直想要他来拜见自己，他却不肯。明宪宗问汪直："朝觐的官员中谁廉洁？"汪直回答说："天下不爱钱的人，只有杨继宗。"

九年任满，杨继宗被破格提升为浙江按察使。多次违逆太监张庆的意思，张庆的哥哥张敏在司礼监，常在宪宗面前诋毁杨继宗。宪宗说道："你说的莫非就是不私吞一钱的杨继宗吗？"张敏感到惶恐不安，写信给张庆说："善待杨继宗，皇上已经知道这个人了。"得知母亲去世的消息，杨继宗马上出发，来到驿亭下，把官署中的器物交给官府，只带着一个仆从、几卷书回家了。

启示：

政者，正也，从政者要守身持正，要有正确的价值追求。明朝中后期，吏治不饬，官吏贪渎之风大起，右佥都御史杨继宗身处其中，却能守身如初，出淤泥而不染，力持清正，成为后世敬仰的一代名臣。现如今，一些党员领导干部透风漏气，蜕变为反腐战线上的“内贼”，这些“不拘小节”的干部也深谙“道自微而生，祸自微而成”的道理。这些强烈的反差，又一次敲响了“不虑于微，始成大患；不防于小，终亏大德”的警钟，再次告诫党员领导干部，要慎小事，拘小节，明大德，要把好思想和行动的总开关，要在钱财、名利、美色的诱惑下，保持定力，不断加强个人修养，严守党的政治纪律和政治规矩，始终做到心中有党、心中有民、心中有责、心中有戒，功名利禄心不动，灯红酒绿眼不迷，不义之财手不伸，歪风浊流冲不垮，成为党和人民信赖的好干部。

毕振姬：德高才硕　公正至善

毕振姬（1612年—1681年），字亮四，号王孙，又号颉云，山西高平（今山西高平）人，清朝大臣。曾任山东济南道参议、广东驿传道佥事、浙江金衢严道参政、广西按察使、湖广布政使等职。

原文：

十年，出为山东济南道参议。岁旱，流民[1]踞山谷为盗，振姬昼夜驰三百里往谕之，悉就抚，全活者七千余人。泰山香税，岁羡余七千金，例充公使钱，振姬悉以佐饷。调广东驿传道佥事。时三籓[2]使命往来络绎，胥吏乘以私派折价，民苦之，振姬一绳以法，阅数月，减船数百，减费七万有奇。调浙江金衢严道参政，擢广西按察使。所至以廉能闻。迁湖广布政使，乞病归。

康熙中，诏举博学鸿儒[3]，左都御史魏裔介、副都御史刘楗疏荐之。十八年，命廷臣举清廉吏，裔介复疏言："振姬清操绝世，才略过人。请告十余年，躬耕百亩，读书不辍。"楗亦言："振姬居官不染一尘。归日一仆一马，了无长物，真学行兼优之人。"

——《清史稿·卷二百四十七·列传第三十四》

注释：

[1]流民：因受灾而流亡外地、生活没有着落的人。

[2]三藩：清初明朝的降将吴三桂、耿精忠、尚可喜都被封为藩王，号称"三藩"。

[3]博学鸿儒：学识丰富、见识广博的读书人。

译文：

顺治十年，毕振姬出任山东济南道参议。正赶上旱灾，受灾的百姓盘踞山谷做起了盗贼，毕振姬昼夜奔驰三百多里向流民宣布圣上的谕旨，流民都得到了安抚，活下来的有七千多人。泰山香的税收，除了上缴的外还有七千多两，按照以往的做法将钱作为公用，毕振姬却把这钱用来解决军需民困。毕振姬调到广东驿传道任佥事。这时传递三藩之乱情报的信使往来频繁，小吏假公济私，百姓深受其苦。毕振姬把这些小吏都绳之以法，过了几个月，减用民船数百只，节省白银七万多两。调任浙江金衢严道参政，又升任广西按察使。毕振姬在任职之处都有廉洁能干的名声。调任湖广布政使，因身患疾病致仕。

康熙中期，康熙帝下旨举荐有学识操守的读书人，左都御史魏裔介、副都御史刘楗都上疏举荐毕振姬。康熙十八年，康熙帝让朝廷众臣举荐清廉的官员，魏裔介又上疏说："毕振姬品行高洁世间少有，才略过人。辞官十多年，亲自耕种百亩田地，坚持读书。"刘楗也说："毕振姬为官清廉。辞官返乡时只有一仆一马，身无长物，是真正的品学兼优的人。"

启示：

毕振姬一生甘居淡泊，不图名利，一向以"清德"著称。他在《乞放归里疏》中说，"臣忧农夫之忧，而乐尧舜之乐"。无论是高居朝堂近臣，还是外放藩台远吏，他总是居处危房陋室，往来一仆一马，饭只粗食清汤，身无更换之衣，娶无衣锦之妾。正因为他始终秉承"从政不为己，掌权不谋私"的做人准则，成就了其清官廉吏的本色。康熙帝师陈廷敬慕名拜访毕振姬时，作为掌管一省财政、民政的他却只能用糙米饭和清水予以接待。反观当下，在中央反"四风"的高压态势之下，仍有一些党员领导干部以婚宴、寿宴、乔迁宴之名，消费鱼翅、燕窝、高价烟酒。依托手中掌握的公权力，置中央三令五申于不顾，公然接受贿赂，坦然接受礼金，必将难逃法律严惩！

于成龙：慎始善终　清官第一

于成龙（1617年—1684年），字北溟，号于山，山西永宁州（今山西方山）人，清朝大臣。曾任四川合州知州、福建按察使、布政使、直隶巡抚，两江总督等职。

原文：

二十年，入觐，召对，上褒为“清官第一”，因问剿抚黄州土贼[1]状，成龙对：“臣惟宣布上威德，未有他能。”问：“属吏中亦有清廉否？”成龙以知县谢锡衮，同知何如玉、罗京对。复谕劾赵履谦甚当，成龙奏：“履谦过而不改，臣不得已劾之。”上曰：“为政当知大体，小聪小察不足尚。人贵始终一节，尔其勉旃[2]！”旋赐帑金[3]千、亲乘良马一，制诗褒宠，并命户部遣官助成龙赈济宣化等处饥民。成龙复疏请缓真定府属五县房租，并全蠲[4]霸州本年钱粮，均报可。是年冬，乞假丧母，优诏许之。

未几，迁江南江西总督。成龙先后疏荐直隶守道董秉忠、阜城知县王燮、南路通判陈天栋。成龙至江南，进属吏诰诫之。革加派，剔积弊，治事尝至达旦。好微行，察知民间疾苦、属吏贤不肖。自奉简陋，日惟以粗粝[5]蔬食自给。江南俗侈丽，相率易布衣。士大夫家为减舆从、毁丹垩[6]，婚嫁不用音乐，豪猾率家远避。居数月，政化大行。势家惧其不利，构蜚语。明珠秉政，尤与忤。二十二年，副都御史马世济督造漕船还京，劾成龙年衰，为中军副将田万侯所欺蔽。命成龙回奏，成龙引咎乞严谴，诏留任，万侯降调。二十三年，江苏巡抚余国柱入为左都御史，安徽巡抚涂国相迁湖广总督，命成龙兼摄两巡抚事。未几，卒于官。加赠太子太保，荫一子入监，复制诗褒之。雍正中，祀贤良祠。

——《清史稿·卷二百七十七·列传第六十四》

注释：

[1]土贼：旧时统治者对当地起义农民的蔑称。

[2]勉旃（zhān）：努力，多于劝勉时用之。

[3]帑（tǎng）金：钱币，多指国库所藏。

[4]蠲（juān）：除去，免除。

[5]粗粝：泛指粗劣的食物。

[6]丹垩：泛指油漆粉刷。

译文：

康熙二十年，于成龙进京朝觐，回答康熙帝的垂问，康熙帝褒奖他为“清官第一”，还询问了招抚黄州农民起义的情况。于成龙说：“我只有弘扬皇上您的声威与德行，没有其他做法。”康熙帝问：“你的下属官员中也有清廉的官员吗？”于成龙说，知县谢锡衮和同知何如玉、罗京都是廉吏。康熙帝称他弹劾赵履谦做的很对，于成龙说：“赵履谦有错不改，我也是迫不得已才弹劾他。”康熙帝说：“处理政务应该识大体，小处通晓不值得提倡。做人贵在如一而终，你当自勉！”不久，康熙帝赐给他钱币一千多，良马一匹，为他作诗一首，以示恩宠，还命令户部派遣官员协助于成龙去赈济宣化等地挨饿的百姓。于成龙上疏康熙帝请求延迟征收真定府所辖五县租房屋的钱，并全部免除霸州这一年的赋税，都得到了康熙帝的批准。这一年冬天，于成龙因母亲去世请假，康熙帝下诏恩准了他。

不久，于成龙升任两江总督。于成龙先后上疏推荐直隶守道董秉忠、阜城知县王燮、南路通判陈天栋等官员。于成龙到达江南后，告诫下属官员。于成龙革除加派的钱粮，剔除江南的陈俗旧弊，办理政事常常通宵达旦。于成龙还喜欢微服私访，体察民间疾苦，访查官员是否恪尽职守。于成龙自己生活简朴，每天吃的也是糙米。江南风俗崇尚奢侈华丽，富家也竞相改穿布衣。士大夫之家也因此减少车马随从、不再粉刷墙壁，婚丧嫁娶也不奏乐，强横狡猾而不守法纪的人也举家迁移。于成龙到任数月，江南的政风民事大有改观。势家大族害怕于成龙再次为官对自己多有不利，于是捏造流言蜚语。这时，明珠把持朝纲，和于成龙多有不和。康熙二十二年，副都御史马世济监督制造漕运所需船只回到京城，向康熙帝进言说于成龙年老体衰，被中军副将田万侯欺骗蒙蔽。康熙帝命令于成龙就这件事情进行答复，于成龙因此而请求严厉责罚，康熙帝下诏让他继续担任两江总督，田万侯被降职调用。康熙二十三年，江苏巡抚余国柱入朝担任左都御史，安徽巡抚涂国相升任湖广总督，康熙帝又命令于成龙管理江苏、安徽巡抚的政事。不久，于成龙死在任上。康熙帝加封其太子太保的官职，庇荫一名子孙进国子监读书，又写诗褒奖于成龙。雍正朝中期，于成龙入祀贤良祠。

启示：

步入不惑之年的于成龙，只身一人远赴广西罗城就任县令，到任后，县衙荒芜，于是有了“县衙茅草屋，桌案土坯成”的署衙。在罗城县令任上，他大兴文教，缉凶捕盗，断讼理政，罗城大治，政绩得到康熙帝的赞许。他一生历经三次“卓异”，即使位列督抚，身处繁华，亦不改“谦虚清正，敬业亲民”之志，过着“屑糠杂米为粥”“终年不知肉味”的清苦生活，由此，江南“望风改操”，富家大户改着布衣，清慎的官风逐渐形成，社会风气大为改观。在他去世后，康熙帝追封谥号“清端”，称赞于成龙“居官清正，实天下廉吏第一”，下旨隆重赐葬，两次亲撰碑文，被极殊荣。

于成龙一生践行着“为天地立心，为生民立命”的理想，时刻将百姓的温饱冷暖挂在心头，始终秉持不畏权势、坦荡为人、清廉为官、忠贞爱民的高风亮节，最终名留青史，为后人称颂。他那恪守天地良心，严守立身之本，坚守为官底线的高贵品格，依然值得我们学习。

张伯行：立“金绳铁矩” 防“溃堤蚁穴”

张伯行（1651年—1725年），字孝先，号恕斋，晚号敬庵，河南仪封（今河南兰考）人，清朝大臣。曾任山东济宁道、江苏按察使、江苏巡抚、礼部尚书等职。

原文：

一丝一粒，我之名节；一厘一毫，民之脂膏。宽[1]一分，民受赐不止一分；取一文，我为人不值一文。谁云交际之常，廉耻实伤；倘非[2]不义之财，此物何来？

——《禁止馈送檄》

注释：

[1]宽：宽待。

[2]倘非：如果不是。

译文：

“一丝一粒”虽小，却牵涉到我的名节；“一厘一毫”虽微，但都是民脂民膏。宽待百姓多一分，那百姓所受的恩赐就不止一分；多索取百姓一文，那么我的为人便一文不值。虽说交际是人之常情，来路不干净也伤廉耻；因为如果不是不义之财，这些礼物又是从哪里来的？

启示：

张伯行曾任福建巡抚、江苏巡抚，官至礼部尚书。他一生清廉刚直，被康熙誉为“天下第一清官”。张伯行在福建任职时，为拒绝送礼者，特地撰写了一篇《禁止馈送檄》。这篇檄文被视作为政清廉的“金绳铁矩”。

张伯行以“为天地立心，为生民立命”的追求，以“不取民一钱”的操守，把“廉”作为天道人心，坚执奉行，养成浩然正气，朝廷赞赏、百姓拥戴、宵小畏惧。何谓“廉生威”？看张伯行即知。

鉴往知来，以张伯行这面镜子照照当下，一些贪官所谓身不由己、自欺欺人的辩护，一些论者所谓“制度使然，风气使然”片面武断的说辞，显得那样苍白无力。鸡虫得失，蜗角争持，闹得天昏地暗，身败名裂，只能说明某些人操守丧尽，淈泥扬波，不是风气败坏了他们，倒是他们败坏了风气。小节失守是大节不保的发端，不正之风是腐败滋生的温床。当前依然有少数领导认为一包名烟、一瓶美酒、一顿大餐、一块好表、一盒土特产无伤大雅。积羽沉舟，群轻折轴，小节不慎，大节难保。民心重廉，国家倡廉，廉是立身之本，更是威信之源，领导干部当谨记。

岳起：勤政除弊　节俭自律

岳起（1749年—1803年），姓鄂济氏，字小瀛，满洲镶白旗人，清代大臣。曾任户部员外郎、翰林院侍讲学士、詹事府少詹事等职。

原文：

嘉庆四年，特起授山东布政使。未几，擢江苏巡抚。清介自矢，僮仆仅数人，出屏驺从，禁游船声伎，无事不许宴宾演剧，吴下奢俗为之一变。疏陈漕弊，略曰："京漕积习相因，惟弊是营。米数之盈绌[1]，米色之纯杂，竟置不问。旗丁领运，无处不以米为挟制，即无处不以贿为通融。推原其故，沿途之抑勒，由旗丁之有帮费；旗丁之索帮费，由州县之浮收。除弊当绝其源，严禁浮收，实绝弊源之首。请下有漕各省，列款指明，严行禁革，俾旗丁及漕运仓场，无从更生觊望冀幸之心。"诏嘉其实心除弊。

五年，署两江总督。劾南河工员庄刚、刘普等侵渔舞弊，莫澐于任所设店肆运货至工居奇网利，并治如律。扬州关溢额税银不入私，尽以报解；覈[2]减两籓司耗羡闲款，实存银数报部，并下部议行。六年，疏请浚筑毛城铺以下河道堤岸、上游永城洪河、下游萧、砀境内河堰，并借帑举工，分五年计亩征还，允之。

无子，诏问其家产，仅屋四间、田七十六亩。故事，旗员殁无嗣者产入官。以岳起家清贫，留赡其妻；妻殁，官为管业，以为祭扫修坟之资。异数也。妻亦严正，岳起为巡抚时，一日亲往籍毕沅家，暮归，饮酒微醺。妻正色曰："毕公耽于酒色，不保其家，君方畏戒之不暇，乃复效彼耶？"岳起谢之。及至京，居无邸舍，病殁于僧寺，妻纺绩以终。吴民尤思其德，呼曰岳青天。

——《清史稿·卷三百五十九·列传第一百四十六》

注释：

[1]盈绌：有余或不足。

[2]覈（hé）：核实，检验。

译文：

嘉庆四年，起用岳起担任山东布政使。不久，提升他为江苏巡抚，他为官廉洁正直，僮仆也只有几个人，外出时不要骑卒随同，禁止歌姬舞女游船卖唱，无事不许宴请宾客、演剧，苏州奢侈的风俗为之一变。岳起上疏陈述漕运的弊端时说："京城漕米一项积习相传，有些人专门营私舞弊。至于米数的盈亏，米色的纯杂，竟然不闻不问。旗丁运粮，无处不以米作为挟制，也就造成无处不以贿赂换来通融。追究其原因，沿途的刁难，在于旗丁有帮费；而旗丁能够索取帮费，在于州县有超过额定的征收。革除弊端应当断绝它的根源，而严禁多征，是断绝弊端根源的根本。请命令有漕运任务的各省，列出条款逐项指明以往的弊端，严行禁革，使旗丁及漕运仓场，没办法再有奢望、抱有侥幸的心理。"皇帝下诏嘉奖他实实在在革除积弊。

嘉庆五年，岳起代理两江总督。他弹劾了南河工程官员庄刚、刘普等侵吞公款，营私舞弊；莫澐在任职之地设店铺，运货到工地以屯积奇货而获利，几人一起按律治罪。对扬州关超出定额的税银，岳起并不纳入私囊，而是全部上报送京；又核减两省布政司耗羡中的空余款额，将实际存留的银数上报户部，这两项内容均下到户部讨论后准予实行。嘉庆六年，上疏申请疏通、修筑毛城铺以下黄河河道及堤岸，上游永城洪河、下游萧县、砀山境内的拦河堰，并借公款动工，分五年摊入地亩征收偿还，皇上批准了这一意见。

岳起没有儿子，皇帝下诏了解他的家产，才知道他仅有房屋四间，田地七十六亩。按照以往惯例，八旗人员去世后没有继承人的，其财产归公。皇上因岳起家境清贫，将财产给他的妻子留下，如果妻子死了，作为官府代管产业，用来充当祭扫、修整坟墓的费用。这是特殊的待遇。岳起的妻子也很严厉正派。岳起为巡抚时，一日亲自到毕沅家没收其财产，晚上回家后，喝酒稍有些醉意。妻子正颜厉色地说："毕公因沉于酒色，没有保住家产，你难道不考虑以此为戒，还要再效仿他吗？"岳起向她认错。岳起到京城后，没有官邸居住，病死于寺庙之中，妻子始终以纺织为生。苏州百姓特别思念岳起的德操，称他为"岳青天"。

启示：

岳起一生大力提倡节俭，《清史稿》赞扬他为"清操实政为之冠"。岳起何以如此重视节俭？俭与廉是何关系？早在两千多年前，晏婴就提出：公正能克制自身欲望，节俭能抵制外来诱惑，这些都是廉政的应有之义。

习近平总书记指出，"要坚持勤俭办一切事业，坚决反对讲排场比阔气，坚决抵制享乐主义和奢靡之风"，"要大力弘扬中华民族勤俭节约的优秀传统"。勤俭节约只有进行时而没有完成时，转变作风，党员干部理应一马当先，让节俭成为一种"新常态"，如岳起一样，无论"居庙堂之高"，还是"处江湖之远"，始终恪守清廉节操，把勤俭节约作为一种思想观念、一种生活习惯、一种价值追求、一个标杆尺度，把有限的财力和物力用在推动经济社会发展上，用在切实改进和提高人民的生活水平上，真正做出经得起历史检验、经得起群众评判的政绩。

贪腐篇

BAIGUAN JIANCHA
TANFU PIAN

百官监察

BAIGUAN JIANCHA

贪腐，国之大患，民之大敌。在中国数千年文明的演进中，贪污腐败是一种多发、频发的社会现象，危害至深。在社会变革、王朝交替的过程中，贪腐始终是制约着社会兴盛与否，事关王朝兴衰和人心向背的重要因素。

著名史学家翦伯赞在《贪污列传序》中一针见血地指出，“殷商以降，跟着私有财产制度和阶级国家的成立，贪污遂成为统治阶级的职业。”在后世历代的王朝中，有的统治者敬德保民，爱惜民力，以“务从约省”来约束自己和各级官吏，与贪腐行为进行斗争，大力惩贪治奢，有效地抑制了贪腐，呈现出一派“官风清明、河清海晏”的景象；有的统治者纵贪尚奢，生活腐化，腐败横生四起，正气荡然无存，致使生灵涂炭，最终难逃“兴勃忽亡”的历史惩戒。

翻阅史册，贪墨官员难以数计。本篇收录的28名贪官污吏，他们的行贪敛财手法迥异，各有特点，很有典型性、代表性，也有很强的现实意义。从其表现来看，有的卖法断狱，因色败身；有的冒领钱财，名节不保，甚者形成攻守同盟，呈现出集团化腐败的特点；有的买官卖官，以权换钱，求得奢靡生活之资本；有的监守自盗，侵吞国家财产，甚至搜刮民财；有的迷恋权力，结交权幸，边腐边升，不少“精明”的能臣干吏也堕入此道；有的贪中反贪，以贪墨之行，执反贪之事……从其结果来看，这些贪官污吏最终难逃身陷囹圄、妻离子散、身首异处、臭名昭彰的悲惨结局。

如此种种，贪渎官员追求的无非是权力、金钱和美色，察其根源，不外乎是：统治者出于稳固皇权的目的，对于官员的贪腐行为采取“两面”态度；在“家天下”的封建王朝体制下，对权力的约束和监督极为有限；在宗法血缘观念极其浓厚的古代社会中，上至皇亲贵胄，下至黎民百姓，熟知“轻公德，重私情”的礼尚往来，深谙中庸之道，这也无疑助长了贪渎之风；为官者背弃“修身齐家治国平天下”之初衷，叛离“为天地立心，为生民立命”之理想，贪权好色，搜刮民财，为害黎民，走上了不归路。

前车可鉴，殷鉴不远。为官用权者应当从中汲取教训，要心存敬畏、手握戒尺，慎独慎微、勤于自省，要坚定理想信念，增强政治定力，提升道德境界，提高生活情趣，抵制歪风邪气。切勿享一时之乐，贪一时之利，遭终生之苦。

羊舌鲋：贪婪败官　因权败身

羊舌鲋（公元前580年—公元前531年），姬姓，羊舌氏，一名叔鲋，字叔鱼，春秋时代晋国大夫，曾代理晋国司马、司寇之职。

原文：

次于卫地，叔鲋求货于卫，淫[1]刍荛者[2]。卫人使屠伯馈叔向羹与一箧[3]锦，曰："诸侯事晋，未敢携贰，况卫在君之宇下，而敢有异志？刍荛者异于他日，敢请之。"叔向受羹反锦，曰："晋有羊舌鲋者，渎货无厌，亦将及矣。为此役也，子若以君命赐之，其已。"客从之，未退，而禁之。

晋邢侯[4]与雍子[5]争鄐田，久而无成。士景伯[6]如楚，叔鱼[7]摄理，韩宣子命断旧狱，罪在雍子。雍子纳其女于叔鱼，叔鱼蔽罪邢侯。

邢侯怒，杀叔鱼与雍子于朝。宣子问其罪于叔向。叔向曰：“三人同罪，施生戮死可也。雍子自知其罪而赂以买直，鲋也鬻狱[8]，刑侯专杀，其罪一也。己恶而掠美为昏[9]，贪以败官为墨[10]，杀人不忌为贼。《夏书》曰：‘昏、墨、贼，杀。’皋陶之刑也。请从之。”乃施邢侯而尸雍子与叔鱼于市。

——《左传·昭公十三年、十四年》

注释：

[1]淫：放纵。

[2]刍荛（ráo）者：打草砍柴的人。

[3]箧：狭长的箱子。

[4]邢侯：楚申公巫臣之子。

[5]雍子：楚臣，襄公26年逃到晋国，晋国让他居住在鄐地。

[6]士景伯：晋国的理刑官。

[7]叔鱼：羊舌鲋。

[8]鬻狱：受贿而不以情理判曲直。

[9]昏：昏乱。

[10]墨：贪墨。

译文：

晋军驻扎在卫国境内，羊舌鲋向卫国索取财物，放纵打草砍柴的人。卫国人派屠伯送给叔向羹和一箱子锦，说：“诸侯事奉晋国，不敢有叛离的意思，更何况卫国就在君王的屋宇下，怎么敢有别的打算？打草砍柴的人与往常的举动不一样，谨此请求您管一管。”叔向接受了羹而退回了锦，说：“晋国有个叫羊舌鲋的，贪财无厌，大祸临头了。为了这件事，你如果以君王的名义赐给他这锦，也许可以制止。”屠伯照他的话去做了，还没离开羊舌鲋那儿，禁止乱砍柴草的命令就下达了。

晋邢侯与雍子争夺田地很久没有结果。士景伯去了楚国，羊舌鲋代理他的职务，韩宣子命令他审理以往的案件，罪在雍子。雍子把女儿嫁给羊舌鲋，羊舌鲋曲断邢侯有罪。邢侯发怒，在朝廷上杀死了羊舌鲋与雍子。宣子问叔向如何定他们的罪。叔向说：“三人罪相同，处决活着的人把已死的人暴露尸体就可以了。雍子自己知道自己的罪而通过贿赂求取胜诉，羊舌鲋受贿而不秉公审理，邢侯擅自杀人，他们的罪轻重相等。自己恶而想取得美名就是昏，贪婪而玩忽职守就是墨，杀人而没有顾忌称为贼。《夏书》说：‘昏、墨、贼，杀死。’这是皋陶的刑法。请照办。”于是，杀死邢侯而把雍子、羊舌鲋的尸体扔在集市上。

启示：

“一个人最伤心的事无过于良心的死灭，一个社会最伤心的现象无过于正义的沦亡。”早在两千多年前的春秋时代，身为代理司寇的晋国贵族羊舌鲋，逞威求货，邀宠窃法，贪钱恋色，手中的权力被雍子所利用，继而妄断司法，践踏公平正义，最终被冤者所杀，落得个暴尸集市、身败名裂的下场，成为我国史书上记载的第一个搞“权、钱、色”交易的贪腐官员。

这则故事在当下也有很强的警示意义，依然值得我们警醒。公正，是司法实践者永恒的神圣追求，是法律不容亵渎的尊严。这就要求司法实践者要秉持廉洁的操守，以至公无私之心，行光明正大之事，自觉地做到心中有法、心中有民、心中有纪、心中有戒，实实在在的把司法公正作为永恒的价值追求。只有这样，才能真正释放司法公正的强大力量，切实满足人民群众的司法需求和对社会公平正义的期待。

田延年：清誉毁一贪　尊崇换无颜

田延年（？—公元前72年），字子宾，西汉大臣。曾任长史、河东太守、大司农等职。

原文：

春，大司农田延年有罪自杀。昭帝之丧，大司农僦[1]民车，延年诈[2]增僦直，盗取钱三千万，为怨家所告。霍将军召问延年，欲为道地[3]。延年抵曰："无有是事！"光曰："即无事，当穷竟！"御史大夫田广明谓太仆杜延年曰："《春秋》[4]之义，以功覆过。当废昌邑王时，非田子宾之言，大事不成。今县官[5]出三千万自乞之，何哉？愿以愚言白大将军！"延年言之大将军，大将军曰："诚然，实勇士也！当发大仪时，震动朝廷。"大将军因举手自抚心曰："使我至今病悸

[6]。谢田大夫晓大司农，通往就狱，得公议之。”田大夫使人语延年。延年曰：“幸县官宽我耳，何面目入牢狱，使众人指笑我，卒徒唾吾背乎！”即闭阁独居斋舍，偏袒，持刀东西步。数日，使者召延年诣廷尉。闻鼓声，自刎死。

——《资治通鉴·卷二十四·汉纪十六》

注释：

[1]僦（jiù）：雇佣，租赁。

[2]诈：用手段诓骗。

[3]道地：代人事先疏通，以留余地。

[4]《春秋》：儒家经典之一。相传由孔子整理修订而成，是中国最早的编年体史书。

[5]县官：朝廷。

[6]悸：因害怕而自觉心跳。

译文：

乙酉年春，大司农田延年因为犯罪自杀。为汉昭帝办丧事时，田延年雇佣民间车辆，后来虚报用车费用增加，骗取朝廷三千万钱，被仇家上报给朝廷。霍光叫来田延年询问这件事，想要为他开脱。田延年抵赖说：“没有这件事。”霍光说：“既然没有问题，就应该深入追究。”御史大夫田广明对太仆杜延年说：“《春秋》里面讲过，可以以功抵过。当初，废黜昌邑王时，如果没有田延年站出来说话，就不会成就大事。现在就当他向朝廷要三千万钱，怎么样呢？希望你把我的这些话转告大将军！”杜延年把这件事情告诉霍光，霍光说：“的确如此，田延年真是勇士！当初在议定大事时，震惊朝野。”霍光于是把手放到心口处说：“现在想起来依然后怕。告诉田广明转告田延年，让他到监狱去，一定会得到公正的裁决。”田广明派人把这件事告诉了田延年。田延年说：“就算朝廷宽恕我，我哪有脸去监狱，这不是让众人指着笑我，让狱卒、囚徒们在背后唾骂我吗？”于是，把自己闭锁在官衙旁的小屋里，袒露一臂，手里拿着刀子徘徊。几天后，朝廷的使者召唤田延年去廷尉。田延年听到宣读诏令的鼓声，就自刎而死。

启示：

“常鸣警钟，行举自醒”，西汉大司农田延年的事情让人扼腕叹息。田延年在关键时刻，挺身而出，挽社稷于危难，当为有功之臣。故而，在他贪污之事败露之际，御史大夫田广明、大将军霍光、太仆杜延年都想功过相抵，为他求得活命的机会。在面对惩处时，他才幡然醒悟，怕人唾骂、指责，才认识到自己的所作所为触犯了朝廷律法、玷污了自己的名节。早知如此，何必行龌龊之事，悔之晚矣的田延年挥刀自刎，了结了一生。

多少旧事屡重演，据有关媒体统计，近10年来官方认定的自杀官员达112名，其中，不乏“田延年者”。然而，当代时有发生的如跳楼、跳河、上吊等等“田延年现象”，给他本人及家属、政治生态和社会都带来了直接危害。因此，党员领导干部要勤于自省、自正、自戒，以坦然的姿态自觉接受监督，用自己的实际行动去营造风清气正、干事创业的良好政治生态。

淳于长：谄媚心计巧　招财法度无

淳于长（生卒年不详），字子鸿，魏郡元城（今河北大名）人，西汉大臣。曾任校尉诸曹、水衡都尉侍中、卫尉等职。

原文：

久之，赵飞燕贵幸，上欲立以为皇后，太后以其所出微，难之。长主[1]往来通语[2]东宫[3]。岁余，赵皇后得立，上甚德之，乃追显长前功，下诏曰："前将作大匠解万年奏请营作昌陵，罢弊[4]海内，侍中卫尉长数白宜止徙家反故处[5]，朕以长言下公卿，议者皆合长计。首建至策，民以康宁。其赐长爵关内侯。"后遂封为定陵侯，大见信用，贵倾公卿。外交诸侯牧守，赂遗赏赐亦絫[6]钜万。多畜妻妾，淫于声色，不奉法度。

初，许皇后坐执左道[7]废处长定宫，而后姊嬺为龙额思侯夫人，寡居。长与嬺私通，因取为小妻。许后因嬺赂遗长，欲求复为婕好[8]。长受许后金钱乘舆服御物前后千余万，诈许为白上，立以为左皇后。嬺每入长定宫，辄与嬺书，戏侮许后，嫚易[9]无不言。交通书记，赂遗连年。

——《汉书·卷九十三·佞幸传第六十三》

注释：

[1]主：犹“专”，专门。

[2]通语：说情。

[3]东宫：因太后居住的长乐宫在未央宫东面，所以叫东宫。

[4]罢獘：同“罢敝”，疲惫不堪，困乏劳累。

[5]止徙家返故处：停止所徙之家而返回原处。

[6]絫（lěi）：同“累”，积累。

[7]左道：邪门旁道，多指非正统的巫蛊、方术等。

[8]婕好：妃嫔的称号。

[9]嫚易：轻侮，欺侮。

译文：

过了一段时间，赵飞燕深受皇帝宠爱，皇帝想立她为皇后，太后看她出身低微，反对立飞燕为后。淳于长就专门替皇帝传话给太后。过了一年多，赵飞燕被立为皇后，皇帝很感激淳于长的努力，于是皇帝表彰淳于长以前所建的功劳，下诏说："原先将作大匠解万年上奏请求营造昌陵，使天下百姓疲惫不堪，侍中卫尉淳于长多次说明应该停止迁徙人口并让他们回到原先的居处。我把淳于长的话下达给公卿大臣们讨论，大家都同意淳于长的计策。淳于长一开始就提出很好的策略，百姓因此免受劳苦，获得平安。因此赐淳于长为关内侯。"后来，封淳于长为定陵侯，很受皇帝的信任和重用，淳于长的富贵超过了当时的公卿大臣。淳于长在外又交结诸侯、牧守，他从皇帝那儿得到的赏赐以及诸侯、牧守们讨好他而送给他的钱财累计万万。他又娶了许多娇妻美妾，沉湎于声色之欢，不遵守国家的法令制度，为所欲为。

当初，许皇后因为笃信巫术而犯罪，被废掉皇后之位，打入长定宫，这时许皇后的姐姐许孊是龙额思侯的夫人，正寡居在家。淳于长和许孊私通，把她娶来作妾。许皇后通过许孊大肆贿赂淳于长，想重新回到后宫中做婕妤。淳于长接受许后送的钱财、车马、坐车穿的服装、驾车用的用具等财物价值成千上万钱，欺骗许皇后说他将向皇帝说明，重新立她为左皇后。许孊每次去长定宫，淳于长就给许孊写信，戏弄、侮辱许皇后，亵渎、轻视的话无所不说。许后和淳于长互通书信，许皇后年年都要贿赂淳于长。

启示：

西汉成帝以来，外戚宦官干政，政治腐败，民不聊生。外戚淳于长精于钻营，攀附权贵，得以身居九卿之高位。在高位重权面前，淳于长深埋心底的贪墨因子得以全面激活。他货权纳贿，沉湎声色，不遵法度，为所欲为，甚至诱骗被废的许皇后，终因触犯“谋大逆”之律，死在狱中。

敬畏权力是为官用权的前提和基础。近年来查处的一起起领导干部违规用车、办公室面积超标等违反中央“八项规定”精神的典型案件，从一个侧面反映出当前有些领导干部在滥用权力，甚至把权力视为“私器”，在言行上唯我独尊，在作风上专断浮夸，在生活上贪酒恋色……形象生动地展现出了权力观的偏差、扭曲，甚至倒置。因此，领导干部必须树立正确的权力观，做到敬权不贪权，尊权不弄权，慎权不滥权。

侯览：欲壑装万财　自绝无长物

侯览（？—172年），山阳防东（今山东单县）人，东汉宦官。曾任中常侍、长乐太仆等职。

原文：

桓帝初为中常侍[1]，以佞猾[2]进，倚埶[3]贪放，受纳货遗以巨万计。

建宁二年，丧母还家，大起茔冢。督邮张俭因举奏览贪侈奢纵，前后请夺人宅三百八十一所，田百一十八顷。起立第宅十有六区，皆有高楼池苑，堂阁相望，饰以绮画丹漆之属，制度重深，僭类宫省[4]。又豫作寿冢[5]，石椁双阙，高庑[6]百尺，破人居室，发掘坟墓。虏夺良人，妻略妇子，及诸罪衅，请诛之。

熹平元年，有司举奏览专权骄奢，策收印绶，自杀。阿党者皆免。

——《后汉书·卷七十八·宦者列传第六十八》

注释：

[1]中常侍：西汉时皇帝近臣，给事左右，职掌顾问应对。

[2]佞猾：奸邪狡诈。

[3]埶（shì）：通“势”，权势。

[4]宫省：宫殿。

[5]寿冢：生时所建之墓。

[6]庑：堂下周围的走廊、廊屋。

译文：

桓帝初年为中常侍，凭借谄媚狡猾得到了桓帝宠幸，倚仗权势贪污无度，接受贿赂以巨万计。

建宁二年，因母亲去世而归家，大肆修建母亲的陵墓，督邮张俭检举上奏侯览贪污放纵，先后夺去他人宅第三百八十一所，田地一百一十八顷。建造宅第十六处，处处都有高楼池苑，楼阁高堂相连，皆以彩画丹漆装饰，规模宏伟，僭用宫室的形制。又预先修造自己的陵冢，建造双阙，有石椁，周围的走廊、廊屋高达百尺，破坏他人的房屋，发掘他人的坟墓。劫掠善良的百姓，霸占良家女子为妻，除此以外，还有其他许多罪行，请圣上将其处死。

熹平元年，官吏举奏侯览专权骄奢，皇帝下诏收回他的印绶，侯览自杀，他的同党都被免去了官职。

启示：

东汉大宦官侯览因剪除梁冀有功得以封侯，他在身居高位、手握重权之后，心无敬畏，专横骄奢，贪婪放纵，劫掠财物，广建宅第，欺男霸女。其丑恶行迹被张俭检举后，愤而报复，制造了“党锢之祸”，加速了东汉王朝的覆灭。

古人云：“凡善怕者，必身有所正，言有所规，行有所止，偶有逾矩，亦不出大格。”心怀敬畏，立身行道，恪守底线，不逾规矩，应该是为官者守身立世的生存之道。唯其如此，才能心事平稳宁静，行为自信有持，为官踏实有方。

孟佗：千金筑官道　万世留骂名

孟佗（生卒年不详），又作孟他，字伯郎，扶风郡（今陕西扶风）人，东汉大臣。曾任凉州刺史等职。

原文：

灵帝时，让、忠[1]并迁中常侍，封列侯，与曹节[2]、王甫[3]等相为表里。节死后，忠领大长秋[4]。让有监奴典任家事，交通[5]货赂，威形喧赫。扶风人孟佗，资产饶赡[6]，与奴朋结，倾谒[7]馈问，无所遗爱。奴咸德之，问佗曰："君何所欲？力能办也。"曰："吾望汝曹为我一拜耳。"时宾客求谒让者，车恒数百千两，佗时诣让，后至，不得进，监奴乃率诸仓头迎拜于路，遂共舆车入门。宾客咸惊，谓佗善于让，皆争以珍玩赂之。佗分以遗让，让大喜，遂以佗为凉州刺史。

——《后汉书·卷七十八·宦者列传第六十八》

注释：

[1]忠：指东汉末年大宦官赵忠，他在职时以“搜刮暴敛、骄纵贪婪”见称。

[2]曹节：东汉宦官，曾因迎奉汉灵帝之功，封为长安乡侯。

[3]王甫：东汉大宦官。

[4]大长秋：皇后所用的官属的负责人，一般由宦官担任。

[5]交通：交往。

[6]饶赡：富足。

[7]谒：请求。

译文：

汉灵帝时，张让、赵忠一起被任命为中常侍，封为列侯，与曹节、王甫等人内外一气。曹节死后，赵忠兼任大长秋。张让有监奴主管家务，勾结权贵，收受贿赂，威名很大。扶风人孟佗，家产富足，和张让的监奴结为朋友，竭尽自己所有送给监奴，没有剩下一点自己所爱的东西。监奴很感激他，问孟佗：“您有什么要求呢？我都能为您办啊。”孟佗说：“我只希望你们为我一拜而已。”当时，求见张让的宾客乘坐的车子常常有成百上千辆，孟佗那时也去见张让，因为去晚了不能进去，监奴就率领奴仆们在路上迎拜孟佗，并且共同抬着他的肩舆进门。宾客们大为惊奇，认为孟佗和张让很相好，都争着用珍宝奇玩贿赂孟佗。孟佗把收到的贿赂分一些给张让，张让大喜，让孟佗当了凉州刺史。

启示：

汉灵帝时，宦官势力甚嚣尘上，许多人为求自保或升迁，争相去巴结宦官。孟佗之举，便是见证；孟佗“千金散尽还复来”，便是铁证。古往今来，如孟佗者车载斗量。他们精通厚黑，熟谙人世心理，运用钱财货物铺路搭桥，构筑四通八达的官场通道。他们彼此勾连，牟取不法利益，逞一时之快，甚至一世之荣。孰不知，苍天有眼，法网恢恢，一旦这个“官道”坍塌，则牵连四方，无一漏网。所以，为官之道，首在正己、正事，再正道、正为，以求基业永固，事业长久。

石崇：奢靡败之端　炫富遭天谴

石崇（249年—300年），字季伦，小名齐奴，渤海南皮（今河北南皮）人，西晋大臣。曾任修武县令、南中郎将、南蛮校尉、鹰扬将军、徐州刺史、卫尉等职。

原文：

财产丰积，室宇宏丽。后房百数，皆曳纨绣[1]，珥金翠。丝竹[2]尽当时之选，庖膳穷水陆之珍。与贵戚王恺、羊琇之徒以奢靡相尚。恺以台澳釜，崇以蜡代薪。恺作紫丝布步障[3]四十里，崇作锦步障五十里以敌之。崇涂屋以椒，恺用赤石脂。崇、恺争豪如此。武帝每助恺，尝以珊瑚树赐之，高二尺许，枝柯[4]扶疏[5]，世所罕比。恺以示崇，崇便以铁如意[6]击之，应手而碎。恺既惋惜，又以为嫉己之宝，声色方厉。崇曰："不足多恨，今还卿。"乃命左右悉取珊瑚树，有高三四尺者六七株，条干绝俗，光彩曜日，如恺比者甚众。恺怳然自失矣。

——《晋书·卷三十三·列传第三》

注释：

[1]纨绣：绫罗绸缎。

[2]丝竹：弦乐器和管乐器（箫笛等）。

[3]步障：古代的一种用来遮挡风尘、视线的屏幕。

[4]枝柯：枝条。

[5]扶疏：茂盛的样子。

[6]铁如意：搔背痒的工具，因能解痒如人意，故名。一端做成灵芝形或云叶形，供观赏。

译文：

石崇家的财产丰厚，屋宇宏大华丽。后房姬妾侍女数百人，都穿着锦绣绫罗，戴着金玉羽翠。丝竹管弦选尽当时妙手，庖厨膳食遍有山珍海味。石崇与贵族王恺、羊琇之徒攀比奢华。王恺用糖浆洗锅，石崇用白蜡烧饭。王恺用紫丝布做步障四十里，石崇用锦绣做步障五十里以压倒他。石崇用椒泥涂屋墙，王恺就用赤石蜡涂屋墙。石崇、王恺就是如此争豪比富。武帝每每帮助王恺，曾经赐给王恺一棵珊瑚树，高约二尺，枝叶茂盛，世上少有与之相比的。王恺拿出来给石崇看，石崇用铁如意一棒把它打得粉碎。王恺以为是石崇嫉妒自己的宝物，惋惜之余，声色俱厉地正要斥责石崇。石崇回答说："不值得这样愤恨，现在还你。"就命身边的仆人把自己的珊瑚树都拿出来，高三四尺的有六七株，枝条非同一般，在日光照耀下光彩四射，像王恺那样的珊瑚树更多得很，王恺大为沮丧。

启示：

奢靡之始，危亡之渐。西晋末年，乱象丛生、炫富攀比之风大起。石崇、王恺炫阔斗富，为时人所瞩目。石崇以富炫阔，不可一世，终因炫富而身死财散，万贯家财流散殆尽。此时的西晋，石崇、王恺之流不可胜数，正是由于统治者阶级的奢靡腐化，导致了西晋王朝的迅速衰亡。

近年来，从同学、亲友之间的聚会催生出的攀比、炫富风成为迅猛传播的"疟疾"，污浊了社会风气，侵蚀了社会肌体。毋庸质疑，一些党员干部也身陷其中。察其原因，不外乎是理想信念动摇，选择了庸俗、消极的价值取向。因此，党员干部在树立坚定理想信念的同时，更要努力做到以身作则，大力弘扬文明、健康的价值取向，共同营造良好的社会风尚。

王济：德不济才　奢靡无度

王济（生卒年不详），字武子，太原晋阳（今山西太原）人，西晋大臣。曾任中书郎、骁骑将军、侍中等职。

原文：

性豪侈，丽服玉食。时洛京地甚贵，济买地为马埒[1]，编钱满之，时人谓为“金沟”。王恺以帝舅奢豪，有牛名“八百里驳”，常莹其蹄角。济请以钱千万与牛对射而赌之。恺亦自恃其能，令济先射。一发破的，因据胡床[2]，叱左右速探牛心来，须臾[3]而至，一割便去。帝尝幸其宅，供馔[4]甚丰，悉贮琉璃[5]器中。蒸肫[6]甚美，帝问其故，答曰：“以人乳蒸之。”帝色甚不平，食未毕而去。

——《晋书·卷五十四·列传第十二》

注释：

[1]马埒（liè）：练习骑马的场所。

[2]胡床：一种可以折叠的轻便绳椅，类似于现在的马扎。

[3]须臾：不一会儿。

[4]供馔：宴饮时所陈设的食品。

[5]琉璃：指玻璃。

[6]肫（zhūn）：禽类的胃，亦称“胗”。

译文：

王济喜欢豪华奢侈，穿华丽的衣服，吃珍馐美味。当时洛阳土地的价格很高，王济买了一块地用来做跑马场，并且用钱铺地，被当时人称为“金沟”。王恺凭着自己是晋武帝的舅舅而奢侈阔绰，养了一头被称作“八百里驳”的牛，经常将牛角和牛蹄像马一样装饰起来。王济和王恺赌射箭，并押上一千万钱来顶你这头牛。王恺自以为自己射箭的技术好，就让王济先射。王济一箭就射中了牛，于是坐到了胡床上，命令身边的仆人把牛的心给挖出来，不一会儿牛心就被挖出来了，王济和仆人扬长而去。晋武帝常常到王济家去，宴饮时所陈设的食物也很丰富，都盛在玻璃器皿里面。蒸肫的味道很鲜美，晋武帝问他原因，他答道：“这是用人的乳汁蒸出来的。”晋武帝的脸色很难看，宴饮还没结束就走了。

启示：

身为西晋权贵的王济颇具文才武略，深为时人赞许。可就是这样的一位能臣干吏，在成为驸马之后，生活奢靡腐化的嘴脸暴露无遗：搭金沟、射“金”牛、人乳宴……这也从一个侧面折射出了西晋士人、贵族之间一浪更比一浪高的奢侈，吞噬着西晋政权，直至政权灭亡。

如此荒唐可笑的“豪奢”，恰似当今的一些奢华会所，会费动辄几万元，甚至几十万元不等，一桌饭随随便便就花两三万元……孰不知，奢靡之后有深意——政商勾结、权钱交易等等，成为侵蚀党员干部的一枚“炮弹”，成为损害党员领导干部自身形象的“导火索”。因此，党员领导干部要心存敬畏，手握戒尺，慎独慎微，更应当自爱、自重、自戒，模范地遵守党纪国法，真正做到为政清廉。

王玄象：生财有胆有道　做事无品无行

王玄象（生卒年不详），太原祁（今山西祁县）人，南北朝时期南朝宋大臣。曾任下邳太守等职。

原文：

玄谟[1]从弟玄象，位下邳太守。好发冢，地无完椁[2]。人间垣内有小冢，坟上殆平，每朝日初升，见一女子立冢上，近视则亡。或以告玄象，便命发[3]之。有一棺尚全，有金蚕、铜人以百数。剖棺见一女子，年可二十，姿质[4]若生，卧而言曰："我东海王家女，应生，资财相奉，幸勿见害。"女臂有玉钏，破冢者斩臂取之，于是女复死。玄谟时为徐州刺史，以事上闻，玄象坐[5]免郡。

——《南史·卷十六·列传第六》

注释：

[1]玄谟：王玄谟，南朝宋将领。

[2]椁（guǒ）：套在棺材外面的大棺材。

[3]发：发掘。

[4]姿质：形貌。

[5]坐：定罪。

译文：

王玄谟的堂弟王玄象，任下邳太守。王玄象喜欢发掘坟墓，他的治下没有完整的棺椁。有人说城内有一座小坟，坟头将要平了，每天太阳刚升起来，就会见到一个女子站在坟上面，近看的话就消失了。有人告诉王玄象这个事情。王玄象便命令打开这个坟墓。坟墓里有一口完整的棺材，里面有几百个金蚕、铜人。打开棺盖看见一名女子，年方20岁，样貌就和活着的时候一样，躺在那里说："我是东海王家的女儿，本来应该活着，这里的钱财你们尽管拿去，希望你们不要再伤害我了。"女子手臂上戴着一只玉镯，盗墓的人斩断了女子的手臂拿走了玉镯，于是女子再次死去。王玄谟当时担任徐州刺史，把这件事告诉了皇帝，王玄象被免去了官职。

启示：

百人百态，各不相同。王玄象便有几种"形象"：在社会层面，他是下邳太守，负责一方政令事务，理应端正方良，以身示范；在个人行为层面，他本应该延展其公众形象，但却“反转”自身，以一个“盗墓贼”的形象远近闻名——他的盗掘，可谓百无顾忌，贼心豹胆，连“死人”的乞求，都不惧不见，坚决干净地掠夺全部资财，其饕餮之心于此可见一斑。王玄象终因盗墓被免职惩处，也算是食得其果。

俗话说，人到无品，行便狭。一个促狭之人，便有许多促狭之事，使得人神共愤。因此，修身立性乃是为人之第一等大事。有品即有正确的人生信仰，有行则有被大众所认可的行事之风。有品有行即是忠义之士，为官即为良善之官。

茹法亮：矫令自保　奢侈自祸

茹法亮（435年—498年），吴兴武康（今浙江湖州）人，南北朝时期南朝齐大臣。曾任兖州典签、殿中将军、临淮太守、龙骧将军、大司农、羽林监等职。

原文：

巴东王子响[1]于荆州杀僚佐[2]，上遣军西上，使法亮宣旨安抚子响。法亮至江津，子响呼法亮，疑畏不肯往。又求见传诏，法亮又不遣。故子响怒，遣兵破尹略军。事平，法亮至江陵，诛赏处分，皆称敕断决。军还，上悔诛子响，法亮被责，少时[3]亲任如旧。广开宅宇，杉斋光丽，与延昌殿相埒[4]。延昌殿，武帝中斋[5]也。宅后为鱼池钓台，土山楼馆[6]，长廊将一里。竹林花药之美，公家苑囿所不能及。

——《南史·卷七十七·列传第六十七》

注释：

[1]子响：南朝齐世祖萧赜第四子。

[2]僚佐：官署中协助办事的官吏。

[3]少时：不久。

[4]相埒（liè）：相等。

[5]中斋：正厅。

[6]楼馆：华丽的房屋或客舍。

译文：

巴东王萧子响在荆州杀害向朝廷密告他的僚佐，武帝派兵西上，让茹法亮宣布圣旨安抚萧子响。茹法亮到江津后，萧子响叫茹法亮去见他，茹法亮因为害怕不肯去。萧子响又请求看看诏书，茹法亮也不派人送去。因此萧子响发怒，派兵击败尹略带来的朝廷军队。后来平定了萧子响，茹法亮到江陵，一切赏罚处置，都假借皇帝的名义。班师回朝后，武帝后悔不该杀了萧子响，茹法亮因此被责备，不久武帝又和以前一样信任茹法亮。茹法亮广建宅第，他的杉斋光彩华丽，与延昌殿不相上下。延昌殿是武帝的中斋。茹法亮又在房子后面修建鱼池钓台、假山客舍、近一里长的长廊。里面有美丽的竹林花草，就连王侯的园林也比不上。

启示：

“礼义廉耻，国之四维，四维不张，国乃灭亡”，这是一代名相管仲的名言。依文释意，礼就是纪律，就是规矩。没有规矩，不成方圆。没有规矩，就没有了章法，人们便无所适从。

茹法亮的行为所体现出的就是对“规矩”的践踏。其一，他不畏规矩，武帝派他安抚巴东王，他因为害怕而踟蹰江津，错失与萧子响沟通的大好时机，有抗命之罪；其二，他不遵规矩，江陵平定，他假托武帝之名赏罚处置，有欺君罔上之罪；其三，不守规矩，他修建的杉斋与武帝中斋相似，不守臣子之道，有僭越之罪。这宗宗罪过，绝不容赦，罪该一死。

以史为鉴，即在明白，必须中规中矩。规矩不是束缚，而是一种规范，规范便是一种引导，一种校正，一种建构——引导走正路，校正偏差，建构美好人生。

李崇：是非失察　负绢伤腰

李崇（454年—525年），字继长，小名继伯，顿丘（今河南浚县）人，北魏大臣。曾任兖州刺史、镇西大将军、扬州刺史等职。

原文：

崇在官和厚，明于决断，然性好财贿，败肆聚敛。孝明[1]、灵太后[2]尝幸左藏[3]，王公嫔主从者百余人，皆令任力负布绢，即以赐之。多者过二百匹，少者百余。唯长乐公两手持绢二十匹而出，示不异众而已，世称其廉俭。崇与章武王融以所负多，颠仆[4]于地，崇乃伤腰，融至损脚。时人为之语曰："陈留、章武，伤腰折股，贪人败类，秽[5]我明主。"

——《北史·卷四十三·列传第三十一》

注释：

[1]孝明：元诩，北魏第十位皇帝。

[2]灵太后：武灵皇后，胡姓，名字已失考。

[3]左藏：古代国库之一，以其在左方，故称左藏。

[4]颠仆：跌倒；跌落。

[5]秽：丑化。

译文：

李崇为官平和宽厚，明察是非，善于决断，然而他贪图财货，接受贿赂，大肆搜刮财物。孝明帝与灵太后曾到左边的国库中巡视，随行的王公大臣和嫔妃有一百多人，孝明帝与灵太后命他们各尽自己的力气到府库中拿取布和绢，只要拿得动，都赐给他。拿的多的拿了两百匹以上，拿的少的也拿了一百多匹。只有长乐公拿了二十匹，以显示自己与众不同，世人因此而称赞他廉洁。李崇与元融因背负的布绢太多，跌倒在地上，李崇摔伤了腰，元融扭坏了脚。人们讽刺他们说：“陈留、章武，摔伤了腰，折断了腿；贪取财货的败类，污秽了我朝的明主。”

启示：

古人云，“为政以德，譬如北辰，居其所而众星共之。”北魏大臣李崇虽为官宽厚，善于决断，但不注重个人修养，没能遏制贪欲，上演了一出“负绢伤腰”的闹剧。综观当下，如李崇者大有人在，负绢伤腰、负绢折股之事，也时有发生。所以，党员领导干部要不断提升思想道德境界，要经得住金钱、美色、名利的考验，守得住清贫，把得住底线，绝不能一事当前，先替自己打算，利益之前，先为自己谋划。

段孝言："私设"点将台　任人亲与钱

段孝言（生卒年不详），姑臧武威（今甘肃武威）人，南北朝时期北齐大臣。曾任北齐度支尚书、都官尚书、太常卿、吏部尚书等职。

原文：

孝言除尚书右仆射，仍掌选举，恣情[1]用舍，请谒大行。敕浚京城北隍，孝言监作，仪同三司崔士顺、将作大匠元士将、太府少卿郦孝裕、尚书左民郎中薛叔昭、司州治中崔龙子、清都尹丞李道隆、邺县令尉长卿、临漳令崔象、成安令高子徹等并在孝言部下。典作日，别置酒高会，诸人膝行跪伏，称觞上寿[2]，或自陈屈滞[3]，更请转官，孝言意色扬扬，以为己任，皆随事报答，许有加授。富商大贾多被铨擢[4]，纵令进用人士，咸是粗险放纵之流。寻迁尚书左仆射，特进、侍中如故。

孝言富贵豪侈，尤好女色。后娶娄定远妾董氏，大耽爱之，为此内外不和，更相纠列[5]，坐争免官，徙光州。

——《北齐书·卷十六·列传第八》

注释：

[1]恣情：纵情。

[2]称觞上寿：举杯饮酒。

[3]屈滞：久居下位。

[4]铨擢：选拔起用。

[5]纠列：举发。

译文：

段孝言任尚书右仆射，依然掌管铨选举荐，但他还是恣情取舍，所以请托之风大行。皇帝下令疏浚京城北隍，由段孝言监工，而仪同三司崔士顺、将作大匠元士将、太府少卿郦孝裕、尚书左民郎中薛叔昭、司州治中崔龙子、清都尹丞李道隆、邺县令尉长卿、临漳令崔象、成安令高子彻等都是他的部下。动工这天，段孝言大摆酒席，这些人都双腿跪着向前挪动，举杯向段孝言敬酒，有的人说自己久居下位，希望得到提拔。段孝言得意洋洋，并把这作为自己的职责，都答应了他们，承诺会给他们晋升职务提供帮助。富商大贾多被提拔重用，即使那些被提拔的人士，也都是些粗鲁放纵的人。不久，段孝言担任尚书左仆射，特进、侍中依制保留。

段孝言家财万贯，生活豪华奢侈，特别喜好女色。后来，娶了娄定远的小妾董氏，对董氏宠爱有加，为此使得内外不和睦，互相纠纷，因而被人检举，免官后流放光州。

启示：

段孝言为北齐大臣，位高权重，其言行事关社稷大计，理应谨言慎行，然其言行令人咋舌：他监工疏浚京城北隍，本应亲力亲为，多方勘度，确保工程顺利，但是此公却另有“高招”，将开工奠基仪式办成了封官宴，对于那些富商大贾，他慷慨允诺，封官进爵，致使一些粗鲁放纵之辈混进朝堂。不仅如此，在日常生活之中，他也恣意妄为，酒色财气，贪渎纳贿，无所不能。

一部廿四史，几多春秋笔。现实的欢愉顺达固然为世俗大众所追崇，然而，为官之道却自有一脉相承的价值期许，如公正无私，荐贤任能；如勤俭执政，勇于承担。唯其如此，才会群贤毕至，国家兴旺，才不会让投机钻营者讨巧、脚踏实地的老实人吃亏，才不会让跑官要官者得宠、德才兼备者被冷落，才能避免“劣币驱逐良币”的发生，才会有一个良好的政治生态环境。

吕文度：文度无度　害民无数

吕文度（生卒年不详），会稽（今浙江绍兴）人，南北朝时期南朝齐大臣，曾任外监等职。

原文：

文度为外监[1]，专制兵权，领军将军[2]守虚位而已。天文寺常以上将星占文度吉凶。文度尤见委信，上尝云："公卿中有忧国如文度者，复何忧天下不宁。"

文度既见委用，大纳财贿，广开宅宇，盛起土山[3]，奇禽怪树，皆聚其中，后房[4]罗绮，王侯不能及。又启上籍被却者悉充远戍，百姓嗟怨[5]。

——《南史·卷七十七·列传第六十七》

注释：

[1]外监：官职名。

[2]领军将军：领军中资重者之称。魏晋南北朝末期，领军为高级将军，从一品。

[3]土山：泥土堆积成的小山。

[4]后房：多指姬妾住处。

[5]嗟怨：嗟叹怨恨。

译文：

吕文度掌管外监，把持兵权，领军将军只是徒有虚名而已。天文寺经常用上将星来占卜吕文度的吉凶。吕文度慢慢得到了武帝的信任、重用，武帝曾说："公卿中有像吕文度这样为国操劳的大臣，又何愁天下不太平。"

吕文度看到自己被信任重用，就开始大肆收受贿赂，修建宅院，营造假山，宅院里边搜集了很多奇禽怪树，他的姬妾穿着绫罗绸缎，连王侯的妻妾都不如他的妻妾穿得好。他又向武帝上奏，建议把除去户籍的人全都发配戍边。百姓十分怨恨他。

启示：

南朝齐外监吕文度专制兵权，逐渐得到皇上的宠幸。大权在握的他迷失了方向，收受贿赂，大兴土木，搜罗奇禽怪树，珍奇异宝，其生活奢靡程度超过了王侯。他建议皇上把除去户籍的人全部发配戍边，致使民不聊生，怨声载道，更是尽弃了为臣的本分。

以民为本、勤政爱民实乃为官之道、成事之要。党员领导干部须恪守本分，勤政为民，守得住清贫，耐得住寂寞，抵得住诱惑，经得起考验，牢记党的宗旨，全心全意为人民服务。

夏侯彪之：贪鄙无间道　计计有奇招

夏侯彪之（生卒年不详），唐朝大臣，曾任益州新昌县令等职。

原文：

益州新昌县令夏侯彪之初下车[1]，问里正曰：“鸡卵[2]一钱几颗。”曰：“三颗。”彪之乃遣取十千钱，令[3]买三万颗。谓里正曰：“未[4]便要，且寄鸡母抱之，遂成三万头鸡，经数月长成，令县吏与我卖。一鸡三十钱，半年之间成三十万。”又问：“竹笋一钱几茎。”曰：“五茎。”又取十千钱付之，买得五万茎[5]。谓里正曰：“吾未须笋，且林中养之。至秋竹成，一茎十钱，积成五十万。”其贪鄙不道，皆此类。

——《朝野佥载·卷三》

注释：

[1]初下车：官员刚到任。

[2]鸡卵：鸡蛋。

[3]令：让。

[4]未：不是；须：必须，马上。

[5]茎：根，做量词。

译文：

唐朝时，益州新昌县令夏侯彪之刚来上任时，问一个里正说："这地方鸡蛋一文钱买几只？"里正回答说："能买三只。"夏侯彪之听了后，派人取来一万文钱交给里正，让里正代买三万只鸡蛋。说："我不是马上就要这三万只鸡蛋。先将鸡蛋放在你这里，用母鸡孵化成三万只鸡崽，过了几个月长成大鸡后，我让县吏为我卖了它们。一只鸡卖三十文钱，半年期间，我就可以积攒成三十万钱。"夏侯彪之又问："竹笋一文钱能买几根？"里正回答说："能买五根。"于是又取钱一万文交给里正，让里正代他购买竹笋五万根。并对里正说："我并不须用这些竹笋；暂且放在竹林中让它生长，到秋长成成竹，一根卖钱十文，就可以积成五十万文钱。"他贪鄙的行为也不用再多说了，都是这一类。

启示：

唐代新昌县令夏侯彪之贪鄙的故事，形象地展现了他贪恋钱财的丑陋嘴脸。奇文共赏，奇事共哂。夏侯彪之贪鄙之事，可谓巧取豪夺，“三万只鸡蛋——三万只鸡崽——三万只大鸡——三十万钱”，这种盈利模式，普天之下，大概只有贪鄙如夏侯者，方能想出，也大概只有是“县令”的夏侯方能够心想事成。

其实，“当官”与“发财”是两条道，“当官”的目的在于为政，即将自己的改良现实、建设社会的理想付诸实践，其手段在于通过亲力亲为影响大众，团结社会力量，其目的在于利人；“发财”的目的在于盈利，赚取更多的钱财，其手段在于物品流通中的利润，其目的在于利己。利人者，别人给予其更多的尊贵体面；利己者获得更多的物质财富。世上无十全十美之事，以官谋财是贪鄙，而以财谋官同样是贪婪，做好本位，安身立命，是为正事正义。

段崇简：崇简不崇简　扰民再掠民

段崇简（生卒年不详），唐代大臣，曾任深州刺史、柳州刺史等职。

原文：

深州[1]刺史段崇简性贪暴，到任令里正[2]括客，云不得称无。上户每取两人，下户取一人，以刑胁之，人惧，皆妄通。通讫，简云："不用唤客来，但须见主人。"主人到，处分每客索绢[3]一匹，约一月之内得绢三十车。罢任，发至鹿城县，有一车装绢未满载，欠六百匹，即唤里正令满之。里正计无所出，遂于县令、丞、尉家一倍举送。

——《朝野佥载·卷三》

注释：

[1]深州：地名，现为河北深州市。

[2]里正：古代乡间小吏。

[3]绢：一种薄而坚韧的丝织物。

译文：

深州刺史段崇简为人贪婪残暴成性，段崇简上任后，立即追逼里正，命令里正让各户征召佃户，段崇简说："不能说没有佃户。上等户，每家召取二人。下等户，每家召取一人。不来的，可动用刑法。"乡人们都惧怕，都说召取了。之后，段崇简发布命令说："不用召唤佃户来，但必须见到佃户的主人。"佃主来到后，段崇简处罚每个佃主白绢一匹。约在一个月内共收得白绢三十车。段崇简辞官返京，途经鹿城县时，有一车没有装满白绢，还短六百匹白绢，就喊来里正让他们想办法装满这辆车。里正们一时无法可想，于是到县令、县丞、县尉家筹取。筹到一千二百匹白绢，呈交段崇简，比他要的六百匹还多筹了一倍。

启示：

"吃百姓之饭，穿百姓之衣，莫道百姓可欺，自己也是百姓。"深州刺史段崇简为官贪暴，搜民刮财的手法，无不称奇，令人瞠目，甚至同为官吏的县令、丞、尉也难逃其暴，此等害民之贼，实则国之祸害。

敬民爱民是为官之本，执政之要。党的十八大以来，以习近平为总书记的党中央，以刮骨疗毒、壮士断腕的勇气，打出来一系列反腐“组合拳”，拉近了党与人民的距离，回应了群众的心声。为官一任，就应当时时处处挂念百姓，为民众排忧解难，为人民谋利造福，更应当敢于负责、勇于担当，用自己的实际行动为国家发展构筑一个风清气正的良好政治生态。

张昌仪：卖官搭送官　只叹不姓薛

张昌仪（生卒年不详），唐朝大臣，曾任洛阳令等职。

原文：

易之[1]、昌宗[2]竞以豪侈相胜。弟昌仪为洛阳令，请属无不从。尝早朝，有选人[3]姓薛，以金五十两并状[4]邀其马而赂之。昌仪受金，至朝堂，以状授天官侍郎张锡。数日，锡失其状，以问昌仪，昌仪骂曰：“不了事人！我亦不记，但姓薛者即与之。”锡惧，退，索在铨[5]姓薛者六十余人，悉留注官。

——《资治通鉴·卷二百零六·唐纪二十二》

注释：

[1]易之：武则天时期的男宠，时人称之为“五郎”。

[2]昌宗：张易之的弟弟，在家排行第六，人称六郎美如莲花。

[3]选人：候选官员。

[4]状：凭证，这里指任职文书。

[5]铨：选拔官吏。

译文：

张易之、张昌宗以豪华奢侈攀比。他们的弟弟张昌仪担任洛阳县令，有向他请托办事的没有不答应的。有一次上早朝，有一名姓薛的候补官员，拦住张昌仪的马，拿着任职文书，用五十两黄金贿赂他。张昌仪接受了黄金，到了朝廷就把任职文书给了天官侍郎张锡。几天后，张锡丢失了任职文书，于是问张昌仪，张昌仪骂道：“糊涂人！我也不记得了，只要是姓薛的就都授官吧。”张锡惧怕他，离开了张昌仪处，找到了六十多名姓薛的候补官员，全部授予官职。

启示：

张昌仪贪财卖官，恣意妄为，上演了一出“但姓薛者即与之”的闹剧，为后人所耻笑，但更引发了后人的思考。选拔官员本应是严肃认真之事，而且，隋朝即有科举制度，至李唐一代，科举制的官员选拔体制应是秩序严谨、规制严密。然而，在这些如张氏兄弟的贰臣逆子手中，权力如同手中玩物，可任意由之，令人胆寒。

敬畏权力，才能用好权力。不让权力任性，必须设置一条法治“高压线”，一旦触及必然付出惨重代价。党员领导干部没有法外之权，不能以任何理由以权压法、徇私枉法。只有树立法治思维，把权力关进笼子里，才能让用权者真正不敢腐、不能腐、不逾矩。

陈少游：财货筑云梯　权幸通仕途

陈少游（724年—784年），博州（今山东茌平）人，唐朝大臣。曾任陇右行军司马、桂管观察使、宣歙池观察使、浙东观察使、淮南节度使、尚书左仆射等职。

原文：

少游为理，长于权变[1]，时推干济[2]，然厚敛财货，交结权幸[3]，以是频获迁擢。

其年，除桂州刺史、桂管观察使。少游以岭徼[4]遐远，欲规求近郡。时中官董秀掌枢密用事，少游乃宿于其里，候其下直[5]，际晚谒之，从容曰："七郎家中人数几何？每月所费复几何？"秀曰："久忝近职，家累甚重，又属时物腾贵，一月过千余贯。"少游曰："据此之费，俸钱不足支数日，其余常须数求外人，方可取济。倘有输诚供亿者，但留心庇覆之，固易为力耳。少游虽不才，请以一身独供七郎[6]之费，每岁请献钱五万贯。今见有大半，请即受纳，余到官续送。免贵人劳虑，不亦可乎？”秀既逾于始望，欣惬颇甚，因与之厚相结。少游言讫，泣曰：“南方炎瘴[7]，深怆违辞，但恐不生还再睹颜色矣。”秀遽曰：“中丞美才，不当远官，请从容旬日，冀竭蹇分[8]。”时少游又已纳贿于元载子仲武矣。秀、载内外引荐，数日，拜宣州刺史、宣歙池都团练观察使。

——《旧唐书·卷一百二十六·列传第七十六》

注释：

[1]权变：指灵活应付随时变化的情况。

[2]干济：办事干练而有成效。

[3]权幸：指有权势而得到帝王宠爱的奸佞之人。

[4]岭徼：五岭以南地区。

[5]下直：下班。

[6]七郎：指董秀。

[7]炎瘴：南方湿热致病的瘴气。

[8]蹇分：厄运，命运不佳。

译文：

陈少游做官，善于权变，办事干练颇有成就，然而他巧取厚敛，用以交结权贵，凭此得以多次升官。

唐代宗永泰二年，陈少游被任命为桂州刺史、桂管观察使。陈少游因桂州地处边远地区，希望能够到近一点的州县任职。当时宦官董秀掌管枢密要事，陈少游便在董秀住宅附近投宿，等候董秀下朝回家，在晚上拜见董秀，对董秀说："你家中有多少人啊？每月开销需要花费多少啊？"董秀答道："我担任重要的职位久了，家里的负担也十分沉重，现在的东西又涨价了，一月得千余贯。"陈少游说道："这样的开销，仅靠俸禄花不了几天就花完了，其他所需的钱财常常需要向其他人求助，才能借来花费。如果有给你巨额钱财的人，但请您留心庇护他，固然可以减少你的心力耗费。我虽然没有大才干，但愿意以我一人来供您开销所需的钱财，每年供钱五万贯。现在我带了两万五千贯，请您收下，剩下的钱我到任了再给您补上。免得您劳心焦虑，您看这可以吗？"董秀一看都超出了自己的愿望，十分欢喜，因此和陈少游厚相交结。陈少游立即流着眼泪说："岭南瘴疠，我却无法辞而不就，就担心去了没法活着回来再见您一面。"董秀于是说："你有很好的才干，不应该到偏远的地方去，你先等待十天，朝廷看你还没有上任，也许慢慢就会有转圜的。"陈少游此时又向权相元载之子元仲武行贿。经董秀、元载的引荐，没几天，陈少游即改拜宣州刺史和宣、歙、池都团练观察使。

启示：

陈少游长于权变，精明干练，颇有成就。然而，他为了不去岭南地区任职，巴结权宦董秀、结交权臣元载之子，步入贪渎之流，走上了敛财、行贿、迁官的道路，成为了当时边腐边升的典型代表，后来东窗事发，落的个被处以绞刑，并没收全部财产的悲惨下场。

历史总是惊人的相似。纵观当下落马的贪腐官员，其中不乏政绩突出，口碑相当好的“能人”“能吏”，却因贪致败，自食其果。能而不廉，祸患不远。从“能人”“能吏”的人生轨迹来看，他们往往聪明反被聪明误，把自己的才智用错了方向、用错了对象。一个领导干部从“能而廉”到“能而腐”，通常有一个渐进的过程。只有加强有效监督，念好权力的“紧箍咒”，把纪律和规矩挺在前面，才能最大限度挤压腐败滋生的空间，最大可能地减少“能吏腐败”的现象。

赵在礼：强征拔钉钱　积聚万民怨

赵在礼（882年—947年），字干臣，涿州（今河北涿州）人，五代时期后晋大臣。曾任许州节度使、北面行营马步都虞侯、行营副都统、兖州节度使、晋昌军节度使等职。

原文：

晋出帝[1]时，以在礼为北面行营马步都虞候[2]，以击契丹，未尝有战功。在礼在宋州，人尤苦之；已而罢去，宋人喜而相谓曰："眼中拔钉，岂不乐哉！"既而复受诏居职，乃籍管内，口率钱一千，自号"拔钉钱"。

晋亡，契丹入汴，在礼自宋驰至洛阳，遇契丹拽剌[3]等，拜于马首，拽剌等兵共侵辱之，诛责货财，在礼不胜其愤。行至郑州，闻晋大臣多为契丹所锁，中夜惶惑，解衣带就马枥[4]自经[5]而卒，年六十二。

——《新五代史·卷四十六·杂传第三十四》

注释：

[1]晋出帝：名石重贵，石敬瑭养子，石敬瑭病死后继位。在位4年，国破被俘后病死。

[2]都虞候：五代时，因皇帝多是藩将出身，都虞侯就上升为侍卫亲军的高级统率官。

[3]拽（zhuài）剌（là）：契丹人名。

[4]马枥（lì）：马槽。

[5]自经：指上吊自杀。

译文：

后晋出帝时，朝廷任命赵在礼为北面行营马步都虞侯，用来进攻契丹，但他从未立过战功。赵在礼驻扎宋州时，老百姓深为赵在礼的盘剥而痛苦；不久朝廷撤了赵在礼的官职将其调走，宋州的百姓内心欢喜奔走相告说："把眼睛里的钉子拔除了，难道不是件快乐的事吗！"不久，赵在礼又受朝廷诏令留任旧职，于是登记管辖范围内的人口，缴纳人头钱一千钱，自称"拔钉钱"。

后晋灭亡，契丹攻入汴梁，赵在礼从宋州骑马赶到洛阳，路上遇见契丹拽剌等人，赵在礼只好在他们马首前下拜，拽剌及手下的兵士一起侮辱他，惩罚他让他交出钱财，赵在礼悲愤不已。赵在礼走到郑州时，听说后晋大臣大都被契丹囚禁，赵在礼半夜里恐惧不已，解下衣带挂在马棚里上吊而死，时年六十二。

启示：

综观历朝历代，贪墨之官，为数不少，其丑行劣迹无不让人远之恨之，此中，最让人切齿痛恨者，当如赵在礼之流：抗击契丹寸功未建，掠夺百姓却从不心慈手软。他在宋州为官，百姓因其横征暴敛备受煎熬，得知他罢官而去，竟欢喜奔走相告，认为是拔去了他们的眼中钉、心头恨——当官至此，本应知耻自醒，但赵在礼却厚颜无耻。他侥幸留任原职，当即征收“拔钉钱”，变本加厉地坑民害民。

此种贪婪暴戾之辈，不但民众不容，就连自己的敌人也对其多有鄙视，所以，当契丹入侵，众将对其贪敛、权尽嘲讽，使得赵在礼知耻而自亡。由此看来，为官者，自家清誉应是第一等大事，亲民爱民是上好的作为。在礼无礼，不知礼义廉耻，今人多智慧，须自警自省、完善自我、成就事业。

孙沔：敛财有“妙法”　霸女出“奇招”

孙沔（996年—1066年），字元规，越州会稽（今浙江绍兴）人，北宋大臣。曾任监察御史、陕西转运使、庆州知府、延州知府、枢密副使等职。

原文：

诏按其迹，而使者奏：“沔在处州时，于游人中见白牡丹者，遂诱与奸。及在杭州，尝从萧山民郑旻市纱，旻高其直，沔为恨。会旻贸纱有隐而不税者，事觉，沔取其家簿记，积计不税者几万端，配隶[1]旻他州。州人许明有大珠百，沔妻弟边珣以钱三万三千强市之。沔爱明所藏郭虔晖画《鹰图》，明不以献。初，明父祷水仙大王庙生明，故幼名‘大王儿’。沔即捕按明僭称王，取其画鹰，刺配[2]之。及沔罢去，明诣提点刑狱，断一臂自讼，乃得释。杭州人金氏女，沔白昼使吏卒舆致，乱之。有赵氏女已许嫁莘旦，沔见西湖上，遂设计取赵女至州宅，与饮食卧起。所刺配人以百数，及罢，盗其按[3]去，后有诉冤者多以无按，不能自解。在并州，私役使吏卒，往来青州、麟州市卖纱、绢、绵、纸、药物。官庭列大梃，或以暴怒击诉事者，尝剔[4]取盗足后筋，断之。”奏至，乃责宁国节度副使，监司坐失察[5]，皆被绌。

——《宋史·卷二百八十八·列传第四十七》

注释：

[1]配隶：一种将犯罪性质严重的犯人决杖后押送到本地或外地服役。

[2]刺配：古代在犯人脸部刺字并发配边远地方。

[3]按：考查，研求。此处指案件档案。

[4]剔：从缝隙或孔洞里往外挑拨东西。

[5]失察：泛称在所负的督察责任上有疏失。

译文：

皇帝命令有关部门核查官员弹劾孙沔的线索，使者上奏说：“孙沔在处州为官时，在游人中发现一个叫白牡丹的女子，采用诱骗的手法把白牡丹占有了。等到他在杭州为官时，曾向萧山人郑昊买纱，郑昊提高了纱的价格，孙沔心生恨意。孙沔恰好发现郑昊卖纱存在偷税漏税的情况，孙沔带人到郑昊家取出了账本，上面记载的没有纳税的纱有几万端，郑昊被发配到其他州县服刑。许明有上百个大珍珠，孙沔的妻弟边珣用三万三千钱强行买走了许明的珍珠。孙沔十分喜爱许明收藏的郭虔晖画的《鹰图》，许明不想把这幅图送给孙沔。当年，许明的父亲到水仙大王庙祈子，后来生下许明，因而给他取了个幼名叫'大大王儿'。孙沔于是以许明僭越称王的罪名逮捕了许明，拿走了《鹰图》，并在许明的脸上刺字，发配边远地区。等到孙沔调走了，许明到提刑官的署衙，断臂自讼，才得到明冤昭雪。杭州一个金姓人家的女儿，孙沔白天晚上都让吏卒抬着轿子前往该女子的住处，霸占她。一个赵姓人家的女儿已经许配给了莘旦，孙沔在西湖见到赵家的女儿，便使用诡计将该女子带回州衙，霸占了她。在杭州任职期间，被他刺配的犯人有数百人，他调走的时候却将案卷的卷宗私自带走，致使有冤情的百姓因为丢失案底而没法为自己伸冤。在并州任职时，他派遣属吏、士卒，往来青州、麟州之间贩卖纺织品、药物等物资。衙门前摆着一排排大木棒，有时暴打诉讼的人，曾经指使手下将犯人的脚筋挑断。"使者上奏了以后，皇帝于是追究宁国节度副使、地方监察机关监察不当的罪责，相关人员都被罢免。

启示：

北宋大臣孙沔才智过人，在民事、军政方面等方面颇有建树，可谓是治世能臣，但他为人放纵，霸人妻女，滥用公权，巧取豪夺，贪吝财货。斑斑劣迹丑行暴露之后，他被革除实权职务了事，却未曾受到法律的惩处。

腐败是人类社会的毒瘤，反腐要有坚强的意志力，要敢于动真碰硬。宋代统治者对贪腐采取“两面态度”，未能铁血反腐，助长了吏治腐败，走入了宋徽宗所说的“士或玩法贪污，遂致小大循习货赂公行，莫之能禁。外则监司守令，内则公卿大夫，托公殉私，诛求百姓，公然窃取，略无畏惮”的困局，最终走向覆灭。

梁成大：堂庑列遗赂　恶名传四方

梁成大（生卒年不详），字谦之，福建福州（今福建福州）人，南宋大臣。曾任扬州通判、宗正寺主簿、监察御史、左司谏、宗正少卿、刑部侍郎等职。

原文：

成大天资暴狠，心术崄巇[1]，凡可贼忠害良者，率多攘臂[2]为之。四方赂遗，列置堂庑[3]，宾至则导之使观，欲其效尤也。尤嗜豪夺，冒占宇文氏赐第。既摈归，讼之者不下百数。窜之日，朝命毁其庐[4]，虽小人如李知孝亦曰："所不堪者，他日与成大同传耳。"

——《宋史·卷四百二十二·列传第一百八十一》

注释：

[1]崄（xiǎn）巇（xī）：比喻艰难危险。

[2]攘臂：捋起衣袖，伸出胳膊。

[3]堂庑（wǔ）：堂及四周的廊屋，亦泛指屋宇。

[4]庐：房舍。

译文：

梁成大天性强暴残狠，心术凶险，凡是可以为贼臣残害忠良的事，大概都不顾一切的拼命地去做。接受的各方贿赂，排列于堂庑之中，来了客人就引导他们去看，好让他们效法去做。尤其是巧取豪夺，冒领抢占宇文氏的房产。到去职以后，告他的人不下百余个。被贬驱逐的那一天，朝廷下令拆掉他家的房子，即使是人格十分卑劣的李知孝也说："最难堪的事，就是将来有一天同梁成大同传。"

启示：

梁成大通过巴结当时权臣史弥远的家奴万昕，成了史弥远的"门生"，踏上了仕途的"快车道"，多次得到"带病提拔"，上演了一幕"边升边腐"的情景剧。然而，梁成大还敢把各地官员送给他的财物摆在堂庑之下，供人参观，南宋"馈赂公行，熏染成风，恬不知怪"之象可见一斑。

"往事不可追，来者犹可鉴。"官场人情往来成灾，感情投资，利益交换，推杯换盏，无日不局。一个个投机钻营之徒，飞黄腾达。

"风俗者，天下大事。"不良的工作生活习惯，不良的风俗，都应纳入变革的内容之中，否则，一切的努力如沙上建塔，顷刻坍塌。这恐怕也正是中央"八项规定"出台的深意所在。

桑哥：一朝为大贪　独占天下财

桑哥（？—1291年），又译作桑葛，元朝大臣。曾任西著译使、总制院史、尚书平章政事、宣政使、尚书右丞相等职。

原文：

桑哥既专政，凡铨调[1]内外官，皆由于己，而其宣敕[2]，尚由中书，桑哥以为言，世祖[3]乃命自今宣敕并付尚书省。由是以刑爵[4]为货而贩[5]之，咸走其门，入贵价以买所欲。贵价入，则当刑者脱，求爵者得，纲纪大坏，人心骇愕。

——《元史·卷二百五·列传第九十二》

注释：

[1]铨调：官吏的升降。

[2]宣敕：任命官员的文书。

[3]世祖：忽必烈。

[4]爵：代指官位。

[5]贩：买货出卖。

译文：

桑哥专权之后，凡是调派朝廷内外的官员，都由他独自决定，而任命官员的文书仍由中书省发布，桑哥为此向世祖进言，世祖于是下令，从今后，任命文书都由尚书省发布。此后，他便把刑罚和爵位作为货物贩卖，求取官位的人都奔走于他的门下，以昂贵的价格来实现他们的欲望。价格高，则应受刑罚的人可以免罪，求取爵位的人便可得到，从而使政纲法纪极端腐败，人们惊骇愕然。

启示：

桑哥在率军平定乌思藏之乱后，得到元世祖的信任，主抓元朝财经工作，通过实行系列财政经济举措，有效解决了元初的财政问题。随着圣顾日盛，桑哥荣登相位，面对高位巨权，他迷失了自我，私欲膨胀，贼心顿起，开始结党营私，卖官鬻爵。在他为相的几年中，很少有官员不是通过买官走上仕途的，后遭弹劾，他的贪赃罪被证实，被元世祖诛杀。

绳子常从细处断，为官多在“欲”上栽。私念私欲是万恶之源，一味地贪图享受，对钱财的占有欲不断上升，就必然要走上不归路，终至落入法网。因此，为官者当谨记“欲不除，如蛾扑灯，焚身乃止”的古训，对欲望要有分寸、讲理智，切莫任由欲望任意扩张、膨胀，逐渐演变成私欲、贪欲，如是才能跳出“欲炽则身亡”的困局。

李广：贪财动心机 “米书”隐金银

李广（生卒年不详），明朝宦官，曾任传奉官等职。

原文：

李广，孝宗时太监也。以符箓[1]祷祀蛊帝，因为奸弊[2]，矫旨[3]授传奉官，如成化间故事，四方争纳贿赂。又擅夺畿内民田，专盐利巨万。起大第，引玉泉山水，前后绕之。给事叶绅、御史张缙等交章论劾，帝不问。十一年，广劝帝建毓秀亭于万岁山。亭成，幼公主殇，未几，清宁宫灾。日者言广建亭犯岁忌，太皇太后恚[4]曰：“今日李广，明日李广，果然祸及矣。”广惧自杀。

帝疑广有异书，使使即其家索之，得赂籍[5]以进，多文武大臣名，馈黄白米各千百石。帝惊曰：“广食几何，乃受米如许。”左右曰：

“隐语耳，黄者金，白者银也。”帝怒，下法司究治。诸交结广者，走寿宁侯张鹤龄求解，乃寝勿治。广初死时，司设监太监为请祠额[6]葬祭，及是以大学士刘健等言，罢给祠额[6]，犹赐祭。

——《明史·卷三百四·列传第一百九十二》

注释：

[1]符箓（lù）：是道教中的一种法术。

[2]奸弊：欺诈蒙骗。

[3]矫旨：假托帝王诏命。

[4]恚（huì）：恨，怒。

[5]赂籍：记载收受贿赂的册子。

[6]祠额：祠堂匾额。

译文：

李广，明孝宗时期的太监。凭借道教符箓祈祷之术蛊惑明孝宗，因此得以进行欺诈蒙骗，假传圣旨授予自己传奉官的职务，按照成化年间的旧制，四方的官员争相向他行贿。他又擅自夺取京城附近的民田，买卖盐获利巨万。他修建大宅，引导玉泉山水在自己的大宅前后环绕。给事叶绅、御史张缙等上奏弹劾李广，明孝宗不闻不问。孝宗十一年，李广建议明孝宗在万岁山修建毓秀亭。亭子建好以后，小公主死了，没有多久，清宁宫又发生火灾。占卜的人说李广修建毓秀亭触犯了岁忌，太皇太后愤怒地说：“今天说李广这样那样，明天也说李广这样那样，果然招来祸事。”李广因为害怕而自杀。

明孝宗怀疑李广藏有异书，便派使者到他家搜查这本书，找到了这本贿赂的册子谨献给孝宗，记载着很多文武大臣的名字，馈赠给他黄白米各千百石。明孝宗惊诧地说道：“李广能吃多少粮食，就接受这么多米。”身边的大臣们说：“这是隐语，黄米指黄金，白米指白银。”明孝宗发怒了，命令司法部门治他的罪。那些结交李广的人，纷纷向寿宁侯张鹤龄请教办法，保全自己。李广死后，司设监太监请求赐给李广祠堂匾额和祭祀用品，这时大学士刘健等人上奏，于是没有赐给匾额，只赐给了祭祀用品。

启示：

李广的“米册”，成为其贪腐的铁证。故事看到这里，相信所有人都会笑言：“怎么又是日记，因日记而落马的贪腐官员，在这里可算是找到开山鼻祖了。”近几年来，身陷“日记门”的官员不在少数，日记里记载着索贿、受贿以及情色交易。无疑，这与同事眼中的好领导、上级认可的好干部形象，形成了强烈的对比，一个个“日记局长”“日记厅长”成为了百姓茶余饭后的笑谈。

人在做，天在看。诸如李广者落马，受到法律严惩是必然。干了坏事，纸里包不住火亦是必然。这里不出事，那里出事，现在不出事，将来也出事，出事也是必然。由此可见，那些不拘小节、纵情声色犬马的领导干部心存侥幸，都认为“日记”外露纯属偶然，发生的机率太小，这真是掩耳盗铃，自作聪明。要知道，干了坏事，躲也躲不开，藏也藏不住，迟早会露馅，正应了那句老话“躲得过初一，躲不过十五。”归根结底，党员领导干部还是要不断改进个人工作作风、生活作风，始终做到台上台下一个样，人前人后一个样，始终不放纵、不越轨、不逾矩。

翟銮：修洁声清扬　纳财美誉衰

翟銮（1478年—1547年），字仲鸣，祖籍诸城（今山东诸城），明朝大臣。曾任刑部主事、礼部右侍郎、内阁大学士、吏部左侍郎等职。

原文：

銮初辅政，有修洁声[1]。中持服[2]家居[3]，至困顿不能自给。其用行边起也，诸边文武大吏俱櫜鞬[4]郊迎，恒恐不得当銮意，馈遗[5]不赀[6]。事竣，归装千辆，用以遗贵近，得再柄政[7]，声誉顿衰。

——《明史·卷一百九十三·列传第八十一》

注释：

[1]修洁：高尚纯洁。

[2]持服：守丧。

[3]家居：辞去官职。

[4]櫜（gāo）鞬（jiān）：藏箭和弓的器具。

[5]馈遗：馈赠。

[6]赀（zī）：计算。

[7]柄政：掌握政权，执政，把持权柄、治理朝政。

译文：

翟銮初入内阁辅政，尚有高尚纯洁的名声。后来因守丧辞去官职，贫困到生活不能自给的程度。当他作为重臣巡边时，边地的文臣武将大吏都带着财货、礼品在郊外迎接他，只怕不符翟銮的心意，赠送给他的东西无法计算。巡边结束，回来的时候礼品钱物装了上千辆车，用它们来赠送给贵胄近臣，得以再次进入内阁，此时，他的个人声誉则立刻一落千丈。

启示：

人们常说，环境可以改变一个人。对官员来说，手中的权力发生变化，身处的环境发生改变，就容易使官员的思想行为发生改变。明代大臣翟銮起初为官持正自守，博得了“清谨学士”的官声，进入内阁后，独掌内阁事务两月余，过了一段时日，后入阁的李时、方献夫，却位列其上，翟銮心生芥蒂，无奈遭遇母丧之痛去官，复出后充任行边使，借机敛取50万两白银，作为政治资本，转送贵胄近臣，得以再次入阁，后因帮助其子科场舞弊一事曝光，讨得个罢黜为民的苦果。究其根源，不外乎是迷恋权力，不畏法度。

“政在去私，私不去则公道亡。”为官用权之人，应时时刻刻保持警惕，对权力要有定力，及时清除自己心头的杂念、思想上的杂草，守住做人的底线、为官的公德，用自己高贵的人格尊严，摒除恋栈权力之心，以勤慎之心，勤勉为官，静心做事，永葆党员干部的本色。

恒文：中饱私囊贪心大　黄粱美梦一场空

恒文（？—1757年），乌佳氏，满洲正黄旗人，清代大臣。曾任贵州布政使、山西巡抚、云贵总督等职。

原文：

恒文与云南巡抚郭一裕议制金炉上贡，恒文令属吏市[1]金，减其值[2]，吏民怨咨[3]。一裕乃疏劾恒文贪污败检，列款以上。上命刑部尚书刘统勋会贵州巡抚定长即讯，得恒文令属吏市金减金值，及巡察营伍纵仆婪索诸事，逮送京师。上责恒文："为大臣，以进献为名，私饱己橐[4]，簠簋不饬[5]，负恩罪大。"遣侍卫三泰、扎拉丰阿乘传就恒文所至，宣谕赐自尽。

——《清史稿·卷三百三十九·列传第一百二十六》

注释：

[1]市：买卖货物。

[2]值：价格。

[3]怨咨：亦作“怨訾”，怨恨嗟叹。

[4]橐（tuó）：口袋。

[5]簠（fǔ）簋（guǐ）不饬：借指贪污，旧时弹劾贪吏常用此语。

译文：

恒文与云南巡抚郭一裕商量要制作一个金炉进贡给乾隆帝，恒文命令下属州县官员派购黄金，压低黄金的价格，官吏百姓都十分怨恨。郭一裕上疏弹劾恒文贪污，数呈他贪腐的行迹。乾隆命令刑部尚书刘统勋会同贵州巡抚定长查办此案，查到恒文命令属吏买黄金并压低黄金的价格，以及和巡察军营伍放纵贪婪勒索等事，逮捕押送京城。乾隆指责恒文说：“作为大臣，借用进献的名义，装满自己的口袋，常常贪污，辜负了我对你的期望，罪大恶极。”乾隆派遣侍卫三泰、扎拉丰阿乘传车到恒文所在之处，宣布赐他自尽的上谕。

启示：

为官者，理当恪守“权为民所用，利为民所谋”的信条。清代云贵总督恒文运用手中的权力，绞尽脑汁想出了“进献”的高招，从中捞取好处，鼓了自己的腰包，肥了自己的口袋，毁掉了自己的前程，成为吏民訾怨的“官匪”，最终落得个“身死、财散、恶名留史”的结局。

在当前全面从严治党的新常态下，反腐高压态势继续加强，但是，一些胆大妄为、我行我素的领导干部仍然不收敛、不收手，以权谋私、权钱交易、中饱私囊的现象时有发生。其源头在于公权在手，就有“近水楼台先得月”的便利，便有机会暗箱操作、监守自盗、损公肥私。因此，必须要从制度上破除人民看不清、看不透权力运行的种种障碍，运用法律来规范权力，编制权力运行流程图和行使权力责任清单，让权力在阳光下运行。唯有如此，那只不安分的“手”，才不敢乱伸。

蒋洲：贪汙无耻　亏库钜万

蒋洲（？—1757年），江南常熟（今江苏常熟）人，清朝大臣。曾任山西布政使、山西巡抚、山东巡抚等职。

原文：

二十二年，就迁巡抚，旋移山东，以塔永宁代。塔永宁劾洲贪纵[1]，亏库帑[2]钜万。将行，令冀宁道杨龙文、太原知府七赉札诸属吏纳赇[3]弥所亏。统勋自云南还，上命驰往会塔永宁按治[4]。解洲任，逮送山西严鞫[5]，得实，诛洲，并及龙文、七赉论绞候[6]。诸属吏亏帑，文职知州朱廷扬等、武职守备武琏等，皆论罪如律。陕西巡抚明德，以前官山西尝取洲及诸属吏赇[7]，亦论绞候。

——《清史稿·卷三百三十九·列传第一百二十六》

注释：

[1]贪纵：贪婪放纵。

[2]库帑（tǎng）：官库所藏的钱财。

[3]纳赇：贿赂。

[4]按治：查问惩办。

[5]严鞫（jū）：严厉审问。

[6]绞候：“绞监候”的简称，即绞刑的缓刑。

[7]赇：贿赂。

译文：

乾隆二十二年，蒋洲升任山西巡抚，不久调任到山东，塔永宁就任山西巡抚。塔永宁上疏弹劾蒋洲贪婪放纵，侵占帑银两万余两。离任时，命令冀宁道杨龙文、太原知府七赉札等属官收受贿赂来弥补府库的亏空。刘统勋从云南归来，乾隆命他前往和山西巡抚塔永宁一同查办这个案件。革除了蒋洲的职务，将他带到山西进行审问，他贪污纳贿的事实得以证实，被杀，同时，判处龙文、七赉札绞监候。他的属吏也都侵占库银，文职知州朱廷扬等、武职守备武琏等，都按大律予以处罚。陕西巡抚明德，在山西任职期间曾纳取蒋洲及其属吏的贿赂，也判以绞监候。

启示：

蒋洲出身名门，身居二品高位，又深得乾隆赏识，在他由山西布政使升任山西巡抚时，乾隆勉励他“不可骄傲”，他有皇上赏赐，正额俸禄，收入颇为可观。然而他私心膨胀，在山西任职期间恣意侵吞亏空库银，转官山东时向各州县官员公然索贿，以弥补府库亏空。他见利忘义、贪污公帑的丑闻，更是牵出了案中案，以致乾隆震怒：“山西一省，巡抚藩臬朋比为奸，毫无顾忌，吏治之坏，至于此极，朕将何以信人，何以用人……若不大加惩创，国法安在！朕为愧愤！”最后，蒋洲身首异处，其余涉案官员无一幸免，都受到了相应的处罚。

物换星移，斗转乾坤，多少旧事又重演。一些任性官员，私欲膨胀，漠视党纪国法，践踏公权民意，恣意妄为，纵容身边人打着自己的旗号索贿弄权，自己也在迷途上愈走愈痴，一步步铺就了毁灭自己的“坦途”，直至将自己的前程、生活乃至生命一同送入黑暗的深渊。因此，为官用权者，应当立公德存公心，凡事以党的利益、人民的利益为先，珍视手中权力，依法依规用权，真正做到对党和人民负责，对自己和家庭负责。

钱度：恋钱无度思长久　获罪当斩一时了

钱度（？—1772年），字希裴，江南武进（今江苏常州）人，清朝大臣。曾任吏部主事、广西道监察御史、徽州知府、云南布政使、广东巡抚、广西巡抚、云南布政使等职。

原文：

三十七年，监铜厂。宜良知县朱一深诣户部，告度贪婪，勒属吏市金玉，上命刑部侍郎袁守侗如云南会总督彰宝、巡抚李湖按治[1]。贵州巡抚图思德奏获度仆持金玉诸器，自京师将往云南，值银五千以上；江西巡抚海明奏获度仆携银二万九千有奇，自云南将往江南，并得度寄子酆书，令为複[2]壁藏金，为永久计；两江总督高晋籍[3]度家，得窖藏银二万七千，又寄顿金二千。守侗等讯得度刻扣铜本平余，及勒属吏市金玉得值，具服[4]，逮送京师。命军机大臣会刑部覆谳[5]，以度侵欺勒索赃私具实，罪当斩，命即行法。子酆亦论绞，上为改缓决。

——《清史稿·卷三百三十九·列传第一百二十六》

注释：

[1]按治：查问惩办。

[2]複：同“复”。

[3]籍：登记，引申为抄家。

[4]具服：完全服罪。

[5]覆谳（yàn）：再议已审定的案件。

译文：

乾隆三十七年，钱度监管铜厂事务。宜良知县朱一深到户部告发钱度贪污，让属下的官吏买金玉，乾隆派刑部侍郎袁守侗到云南会同总督彰宝、巡抚李湖查办这个案件。贵州巡抚图思德上奏查获钱度的仆人拿着金玉等器物，从京师前往云南，值白银五千两以上；江西巡抚海明上奏查获钱度的仆人携带白银近三万两，从云南送往江南，并查获了钱度写给儿子钱酆的家书，让钱酆造夹墙将金银藏起来，作长远打算；两江总督高晋前往查抄钱度家，抄出地窖里藏有白银两万七千两，还查出寄存在其他地方的黄金二千两。袁守侗等讯问到钱度通过铜厂大进小出牟利，勒逼属吏购买其金玉牟利之事，钱度都认罪了，被遣送到京师。乾隆让军机大臣会同刑部再议此案，钱度贪赃枉法的行为属实，按律当斩，乾隆帝命令即行处理。其子钱酆被判处绞刑，乾隆改为暂缓执行。

启示：

曹雪芹在《红楼梦》中谈道“世人都晓神仙好，只有金银忘不了！终朝只恨聚无多，及到多时眼闭了”，一针见血地指出了世人对金钱贪得无厌的必然结果。清代云南布政使钱度，工于算计，做事果断，在监管铜矿期间，把铜矿经营得风生水起，同时，他还通过“刻扣铜本平余”的办法，浸淫铜矿资源，迫使下属官员购买其金玉。然而，不少地方官员上奏发现钱度的仆人携巨款、金银器物穿省过县，钱度在江南的家被查抄后，查得白银两万七千两，黄金两千两。昔日秉承“久任奋勉”操守的能臣干吏，最终被判处斩立决，他的儿子被判处绞监候，一个美好的家庭瞬间支离破碎，无不令人叹惋。

贪欲，是为政之大忌，亦是为政者最难迈过的坎。孰不知，纵有广厦千间，夜卧不过七尺；纵有家财万贯，日食不过三餐。因此，为政者要树立好正确的金钱观，在利惑面前不动心，切莫因一时贪念，变得销刚为柔、塞智为昏、变恩为惨、染洁为污，坏了一生的品格，一世的前途。

王亶望：黄金难保安　亲朋当株连

王亶望（？—1781年），山西临汾人，清代大臣。曾任甘肃布政使、浙江巡抚等职。

原文：

三十九年，移[1]甘肃布政使。甘肃旧例，令民输豆麦，予国子监[2]生，得应试入官，谓之“监粮”，上令罢之。既，复令肃州、安西收捐如旧例。亶望至，申总督勒尔谨，以内地仓储未实为辞，为疏请诸州县皆得收捐；既，又请于勒尔谨，令民改输银。岁虚报旱灾，妄言以粟治赈，而私其银，自总督以下皆有分，亶望多取焉。议初行，方半载，亶望疏报收捐一万九千名，得豆麦八十二万。上谓：“甘肃民贫地瘠，安得有二万人捐监？又安得有如许余粮？今半年已得八十二万，年复一年，经久陈红[3]，又将安用？即云每岁借给民间，何如留于闾阎[4]，听其自为流转？”因发“四不可解”诘勒尔谨，勒尔谨饰辞具覆。上谕曰：“尔等既身任其事，勉力妥为之可也。”

上因疑甘肃频岁报旱不实，谕阿桂及总督李侍尧令具实以闻。阿桂、侍尧疏发亶望等令监粮改输银及虚销赈粟自私诸状，上怒甚，遣侍郎杨魁如浙江会巡抚陈辉祖召亶望严鞫[5]，籍其家，得金银逾百万。上幸热河，逮亶望、勒尔谨及甘肃布政使王廷赞赴行在，令诸大臣会鞫。亶望具服发议监粮改输银，令兰州知府蒋全迪示意诸州县伪报旱灾，迫所辖道府具结申转；在官尚奢侈，皋兰知县程栋为支应[6]，诸州县鬼赂率以千万计。狱定，上命斩亶望，赐勒尔谨自裁，廷赞论绞，并命即兰州斩全迪；遂令阿桂按治诸州县，冒赈至二万以上皆死，于是坐斩者栋等二十二人，余谴黜有差。上谓：“此二十二人之死，皆亶望导之使陷于法，与亶望杀之何异？”令夺亶望子裘等官，发伊犁，幼子逮下刑部狱，年至十二，即次第遣发，逃者斩。

——《清史稿·卷三百三十九·列传第一百二十六》

注释：

[1]移：挪动，改变。

[2]国子监：国子监是明清两代的最高学府，按照规定必须贡生或荫生才有资格入监读书。在清朝，监生是可以用钱捐到的，这种监生，通称例监，亦称捐监。

[3]陈红：陈年的谷类。

[4]闾阎：闾，门户、人家，中国古代以二十五家为闾；阎，里巷的门；这里泛指平民老百姓。

[5]严鞫（jū）：严厉审问。

[6]支应：应付，处理支应一番。

译文：

乾隆三十九年，王亶望转任甘肃布政使。按照甘肃的旧制，百姓缴纳了一定数量的豆麦，就可以授予他们国子监生的资格，就可以应试入官，这种办法称为“监粮”，乾隆帝命令停止这种做法，不久，又令肃州、安西二府按旧例收捐。王亶望到任后，和总督勒尔谨商讨，以内地粮仓粮食储备不足为理由，上疏奏请允许各州县都可以收捐。不久以后，又向勒尔谨请求，让百姓改交粮食为白银。因此，王亶望得以虚报灾情，谎称用粟来赈灾，并私吞了百姓上缴的银两，分给了总督以下的各级官员，他自己拿的最多。改为收银的建议刚推行不久，过了半年，王亶望谎报捐监的人数多达一万九千名，得到豆麦八十二万石。乾隆说：“甘肃百姓贫穷，土地贫瘠，怎么会有二万人捐粮获取监生资格呢？又怎么会有这么多的余粮？现在半年已得八十二万石，年复一年，时间长久而变质，又将如何食用？即使说每年借粮给百姓，还不如留在百姓之中，由他们自由流通呢？”并由此而发出“四不可解”的疑问责问勒尔谨。勒尔谨以托辞粉饰而上疏答复，乾隆指示说：“你们既然担任总督、布政使等职务，还是以尽力妥善工作为好。”

乾隆帝因此怀疑甘肃频频上报有旱灾的情况不实，派阿桂、李侍尧前去查看，以便了解实际情况。阿桂、李侍尧上奏揭发王亶望等命令把监粮改为纳银的做法以及谎报灾情和私吞粮食的做法，乾隆听到后十分愤怒，于是派遣侍郎杨魁到浙江和巡抚陈辉祖严审王亶望，没收了他的家产，光金银就超过一百多万。乾隆巡幸热河，命令逮捕王亶望、勒尔谨以及甘肃布政使王廷赞，并押解到热河让各大臣会审。王亶望承认了把监粮改为纳银，命令兰州知府蒋全迪让各州县谎报旱灾，迫使所辖道府认可并申报旱灾的事实；此外，在任时他还很奢侈，皋兰知县程栋专门应付他，各州县的馈赠、贿赂通常以千万计。定案之后，乾隆下令将王亶望斩首，赐勒尔谨自尽，王廷赞被判处绞刑，同时，命令到兰州将蒋全迪斩首；同时，命令阿桂查处各州县官员，凡是冒领赈灾款达两万以上的官员全部处死，因此，被判处斩首的有陈栋等二十二人，其余涉案官员根据所犯律条予以处罚。乾隆帝说："这二十二人的死，都是由王亶望引诱而使身受法律的惩处，这与王亶望杀死他们有什么不同呢？"下令撤了王亶望儿子王裘等人的官职，发配伊犁，王亶望的幼子们被关在刑部监狱，到十二岁时，依次发配，如有逃跑者一律斩首。

启示：

贪墨之风，往往致使政纲废弛，腐败丛生。清乾隆年间，由于嘉兴知府陈虞盛虚报经费之事被揭发检举，乾隆质疑前些年甘肃灾情是否存在虚假现象，经查，牵出了清朝第一贪污大案——甘肃冒赈案。

时任甘肃布政使的王亶望伙同总督勒尔谨以甘肃旱灾之名，冒领赈灾粮，官员间互相守望，各府州县官员沆瀣一气，上下勾结，伪灾舞弊，折收监粮，涉案人员达113人，追缴赃银281余万两，波及直隶、盛京、江苏、浙江、云南等几个省。这场“地毯式”的腐败给甘肃官场乃至清代吏治产生了极为深刻的影响，朝野为之震动。

往事不可追，来者犹可鉴。近年来，一些领域窝案频发，这些窝案的涉案金额之大、涉案官员之多、“潜伏”时间之长，令人骇闻。究其原因，主要是在熟人之间信任关系的基础上，进行较为隐蔽的利益输送，逐渐形成了一个较为固定的“朋友圈”，腐败官员互相守望、互相庇护，使得权力失去了监督与控制，滋生了集团化腐败，造就了一件件腐败窝案。因此，必须把制度的笼子扎紧，让监督更有力。领导干部也要坦然面对监督，在党纪国法规定的权力边界内，积极运用手中的权力，为党分忧、为国干事、为民谋利。

国泰：硕鼠盗库　国无恒泰

国泰（？—1782年），富察氏，满洲镶白旗人，清朝大臣。曾任刑部主事、山东按察使、山东布政使、山东巡抚等职。

原文：

四十七年，御史钱沣劾国泰及易简贪纵营私，徵赂诸州县，诸州县仓库皆亏缺。上命尚书和珅、左都御史刘墉按治，并令沣与俱。和珅故袒[1]国泰；墉持正[2]，以国泰虐其乡，右沣。验历城库银银色不一，得借市充库状。语互详沣传。国泰具服婪索诸属吏，数辄至千万。易简谄[3]国泰，上诘不敢以实对。狱定，皆论斩，上命改监候，逮系刑部狱。巡抚明兴疏言通察诸州县仓库，亏二百万有奇，皆国泰、易简在官时事。上命即狱中诘[4]国泰等，国泰等言因王伦乱，诸州县以公使钱佐军兴，乃亏及仓库。上以“王伦乱起灭不过一月，即谓军兴事急，何多至二百万？即有之，当具疏以实闻。国泰、易简罔上行私，视诸属吏亏帑恝[5]置不问，罪与王亶望等均”。命即狱中赐自裁。

——《清史稿·卷三百三十九·列传第一百二十六》

注释：

[1]袒：不公正地维护一方。

[2]持正：持守公正。

[3]谄：巴结。

[4]诘：谴责，问罪。

[5]恝（jiá）：置之不理。

译文：

乾隆四十七年，御史钱沣弹劾国泰、于易简贪婪放纵，谋求私利，向下属各州县索取贿赂，各州县的府库都出现了亏空。乾隆命令尚书和珅、左都御史刘墉查办这个案件，并命令钱沣一同前往。和珅本来偏袒国泰；刘墉主持公正，因为国泰在他的家乡横行霸道，支持钱沣。检查历城银库时发现银子的颜色不一样，国泰借商人的白银暂存银库。详细情况在《钱沣传》有记载。国泰承认自己贪婪地向各州县官员索贿的情况，数额多则上千万。于易简巴结国泰，乾隆责问他时不敢说实话。审判时，都被判了斩首，乾隆改判为斩监候，押解他们到刑部大牢。巡抚明兴上疏说检查各州县银库发现，库银亏空两百多万，都是国泰、于易简在任时候的事情。乾隆派人到狱中问国泰等人，国泰等人说“因王伦叛乱，各州县使用库银协助军务，致使出现亏空。”乾隆认为“王伦叛乱开始到平息，不到一个月，即便是军情紧急，哪能花了两百万？即便是有，也应该上疏如实禀报情况。国泰、于易简欺上行私，知道各州县官员侵吞库银却不闻不问，罪责与王亶望相同。”乾隆命令他们在狱中自杀。

启示：

为官一任，自当造福一方。清代山东巡抚国泰，勒索下辖州县官员，上下沆瀣一气，染指库银，而主管一省财赋的布政使于易简，对于国泰侵占库银一事，置若罔闻，无疑助长了山东各级官员的贪渎之风，继而山东出现了“几乎无县不贪、仓鼠满窝”的局面，山东吏治为之一败。国泰侵占库银案发后，乾隆大力惩贪除恶，时刻不放松吏治的整饬，使得山东省的吏治状况有所改观。

如何看待权力，如何使用权力，将会造就秉权者的不同命运。路怎么走，还要靠自己去悟，靠自己来选。权力，究竟是走好人生之路的铺路石，还是导致腐化堕落的绊脚石？孰是孰非，何去何从，期待党员干部们做出正确的选择。

和珅：缧绁一世臣　卅载枉劳神

和珅（1750年—1799年），原名善保，字致斋，满洲正红旗二甲喇人，清朝大臣。曾任御前侍卫、吏部尚书、户部尚书、刑部尚书、理藩院尚书、内务府总管、步军统领、翰林院掌院学士、内阁首席大学士、领班军机大臣等职。

原文：

四年正月，高宗崩，给事中王念孙首劾其不法状，仁宗即以宣遗诏日传旨逮治[1]，命王大臣会鞫[2]，俱得实。诏宣布和珅罪状，略曰："朕于乾隆六十年九月初三日，蒙皇考[3]册封皇太子，尚未宣布，和珅于初二日在朕前先递如意，以拥戴自居，大罪一。骑马直进圆明园左门，过正大光明殿，至寿山口，大罪二。乘椅桥入大内，肩舆[4]直入神武门，大罪三。取出宫女子为次妻，大罪四。于各路军报任意压搁，有心欺蔽，大罪五。皇考圣躬不豫[5]，和珅毫无忧戚，谈笑如常，大罪六。皇考力疾批答章奏，字迹间有未真，和珅辄谓不如撕去另拟，大罪七。兼管户部报销，竟将户部事务一人把持，变更成例，不许部臣参议，大罪八。上年奎舒奏循化、贵德二贼番肆劫青海，和珅驳回原摺，隐匿[6]不办，大罪九。皇考升遐[7]后，朕谕蒙古王公未出痘者不必来京，和珅擅令已、未出痘者俱不必来，大罪十。大学士苏凌阿重听衰迈，因与其弟和琳姻亲，隐匿不奏；侍郎吴省兰、李潢，太仆寺卿李光云在其家教读，保列卿阶[8]，兼任学政，大罪十一。军机处记名人员任意撤去，大罪十二。所抄家产，楠木房屋僭侈逾制[9]，仿照宁寿宫制度，园寓点缀与圆明园蓬岛、瑶台无异，大罪十三。蓟州坟茔设享殿，置隧道，居民称和陵，大罪十四。所藏珍珠手串二百余，多于大内数倍，大珠大于御用冠顶，大罪十五。宝石顶非所应用，乃有数十，整块大宝石不计其数，胜于大内，大罪十六。藏银、衣服数逾千万，大罪十七。夹墙藏金二万六千余两，私库藏金六千余两，地窖埋银三百余万两，大罪十八。通州、蓟州当铺、钱店赀本十余万，与民争利，大罪十九。家奴刘全家产至二十余万，并有大珍珠手串，大罪二十。”内外诸臣疏言和珅罪当以大逆[10]论，上犹以和珅尝任首辅，不忍令肆市[11]，赐自尽。

——《清史稿·卷三百十九·列传第一百六》

注释：

[1]逮治：逮捕惩治。

[2]鞫：审问犯人。

[3]皇考：对亡父的尊称。

[4]肩舆：轿子。

[5]不豫：泛称尊长有疾。

[6]隐匿：隐瞒；隐藏。

[7]升遐：帝王死去的婉辞。

[8]阶：等级，层次。

[9]逾制：超过规定；违反制度。

[10]大逆：危害君父、宗庙、宫阙等罪的行为，为“十恶”之一。

[11]肆市：在集市上执行死刑并将犯人暴尸街头的一种刑法。

译文：

嘉庆四年正月，清高宗乾隆帝驾崩，给事中王念孙上疏弹劾和珅贪赃枉法的罪状，清仁宗嘉庆帝当即宣布逮捕和珅，命王公大臣一同会审和珅，王念孙所奏罪状都是事实。嘉庆帝下诏宣布和珅的罪状，说：“朕于乾隆六十年九月初三日，受父皇乾隆帝册封为皇太子，还没有下诏宣布，和珅就于九月初二日在朕面前交给我如意，表示对我的拥戴，这是他的第一条大罪。和珅骑马从圆明园左门进入，路过正大光明殿，到达寿山口，这是他的第二条大罪。和珅乘坐椅轿进入大内，乘坐肩舆直接进入神武门，这是他的第三条大罪。和珅迎娶出宫的女子为次妻，这是他的第四条大罪。和珅将各路军报任意压搁，有心欺瞒皇帝，这是他的第五条大罪。皇考乾隆身体不适，和珅丝毫不担心忧虑，谈笑如常，这是他的第六条大罪。皇考乾隆竭力批答章奏，字迹间有不清楚的，和珅就说不如撕掉重新拟定，这是他的第七条大罪。在兼管户部报销期间，竟然将户部事务把持到自己手中，变成定例，不允许户部大臣参议，这是他的第八条大罪。上年奎舒上奏循化、贵德屡次劫掠青海，和珅驳回这个奏折，藏匿起来不予办理，这是他的第九条大罪。皇考乾隆驾崩后，朕说没有出痘的蒙古王公不必来京师，和珅擅自改为已经出痘和未出痘者都不必来京师，这是他的第十条大罪。大学士苏凌阿年老体衰，因与其弟和琳是姻亲关系，和珅便隐匿不报；侍郎吴省兰、李潢，太仆寺卿李光云在和珅家教授和家子弟读书，不仅保留了他们的官阶，还兼任学政，这是他的第十一条大罪。将军机处记名人员任意撤去，这是他的第十二条大罪。所抄家产、楠木房屋奢侈华丽都超过了大臣的标准，仿照宁寿宫建造，园林中的点缀物品与圆明园蓬岛、瑶台没有差别，这是他的第十三条大罪。和家在蓟州的坟墓设立有享殿，还有隧道，百姓称之为和陵，这是他的第十四条大罪。和家所藏珍珠手串二百多条，比皇宫的数量还要多几倍，大珠比皇帝帽子顶端的那颗珠子还大，这是他的第十五条大罪。不该他使用的官帽上的顶珠也有数十块，整块的大宝石不计其数，比宫里的还多，这是他的第十六条大罪。私藏的白银、衣服数量都超过一千万，这是他的第十七条大罪。夹墙里藏有黄金二万六千多两，私库藏有黄金六千多两，地窖里藏有白银三百多万两，这是他的第十八条大罪。通州、蓟州的当铺和钱店的资产也有十几万，和百姓争夺市场利益，这是他的第十九条大罪。家奴刘全的家产也有二十多万，还有大珍珠手串，这是他的第二十条大罪。”众大臣上疏都说和珅犯的罪应该以大逆罪论处，嘉庆则因为和珅曾经担任首辅大臣，不忍心将其弃市，赐和珅自尽。

启示：

“夜色月如水，嗟尔困不伸，百年原是梦，卅载枉劳神。暗室难换算，墙高不见春，星辰环冷月，缧绁泣孤臣。对景伤前事，怀才误此身，余生料无几，辜负九重仁。”此诗是和珅自尽前绝望心态的流露，也是对他贪腐一生的总结。和珅初涉官场，为官清廉，勤奋好学，勤劳朴实，一心报国，赢得了乾隆皇帝的信任和赞赏，并在清朝财政制度、文化制度、外交事务方面都做出了卓越的贡献。就是这样的一位能臣干吏，在办结李侍尧案后，加官进爵、极被殊荣之时，尝到了权力和金钱的“美妙”滋味。此后，和珅私欲膨胀，肆无忌惮，犯下了骑马乘车违制、恣意裁撤军机处人员、僭越形制修建房屋陵寝等20条罪状，这些罪状条条可诛。

“自古以来，国之乱臣，家之败子，才有余而德不足也。”反观当下落马的贪腐官员之中，“能吏”不在少数。他们精明强干，实绩突出，然而，他们官德败坏、思想堕落，在做人上骄横跋扈、利欲熏心，在做事上不讲纪律规矩、蒙混过关，在用权上罔视党纪国法、以权谋私，在生活上纵情声色、骄奢淫逸，其结局必然是身败名裂、自尝苦果。因此，党员领导干部要时刻反躬自省，存正祛邪，注重修身养德，不断增强是非面前的辨别能力、诱惑面前的自控能力、警示面前的醒悟能力，成为“一个高尚的人，一个纯粹的人，一个有道德的人，一个脱离了低级趣味的人，一个有益于人民的人”。

忠正篇

BAIGUAN JIANCHA
ZHONGZHENG PIAN

BAIGUAN
JIANCHA

“红脸的关公战长沙……黑脸的张飞叫喳喳”，歌曲《说唱脸谱》中的这句歌词，形象生动地刻画出了戏曲中历史人物的性格、品行和气度。一般说来，戏曲中红色脸谱表示的是忠勇义烈的人物，如伍子胥、关羽等；黑色脸谱则表示刚烈、正直、勇猛的人物，如杨秉、包拯等。

忠正，即忠诚正直之意。“忠”在中国传统文化中居于“八德”之首，而《尚书·洪范》也载有“三德：一曰正直，二曰刚克，三曰柔克”。可见，忠正不仅是个人“修身之要”，还是“天下之纪纲”“义理之所归”。本篇收录的26名忠正之臣，他们是心系百姓、殚心竭虑、为国尽忠、鞠躬尽瘁的优秀典范。从其表现来看，有的不畏奸佞，冒死进谏；有的不图名利，一心为国；有的公正廉明，不徇私情；有的保持操守，忠贞不屈；有的不惧权贵，秉公执法。从其结果来看，他们不仅深得当时百姓的爱戴，有的甚至名垂青史，为后人所敬仰。

现如今，各种思潮暗流涌动，行为认知日趋多元多变，党员领导干部也面临着极其复杂、深刻的历史考验。因此，领导干部为官用权应常怀律己之心，常修“忠正”之德，牢固树立“执政为民”的思想意识，切实做到忠于党、忠于人民、忠于事业，做到公道正派，正心正行，克己奉公，严守纪律，做到以“公”为先，以“民”为本，真正扑下身子，脚踏实地为人民办好事、办实事，以实际行动服务好人民群众。

关龙逄：赤胆忠诚　第一谏臣

关龙逄（生卒年不详），安邑（今山西运城）人，夏朝大臣。曾任宰相等职。

原文：

甲子，五十有二岁，关龙逄进谏曰："仁君廉恭敬信，节爱用人，故天下安，而社稷[1]宗庙[2]固。今王[3]侈靡嗜杀，民唯恐君之后亡矣。人心已去，天命不佑，盍[4]少悛[5]乎？"桀不听，龙逄立而不去，桀怒，遂杀之。

——《纲鉴易知录·卷二》

注释：

[1]社稷：社为土，稷为谷，代指国家。

[2]宗庙：王室国家的代称。

[3]王：指夏桀。

[4]盍（hé）：何故，为何。

[5]悛（quān）：悔改。

译文：

甲子年，关龙逄52岁了，他向夏桀进谏说："仁厚的君主懂得敬天保民，不滥用民力，所以天下安定，而国家王室稳固。现在您生活奢侈腐化，喜欢杀伐，百姓担心您以后夏朝就会灭亡了。民心已经不在了，老天也不护佑您了，您还不思悔改吗？"夏桀不听，关龙逄站在一旁仍不离去，夏桀大怒，于是杀了关龙逄。

启示：

万山庄重护忠骨，千古一谏数龙逄。关龙逄是中国有史以来第一位因进谏而遭杀戮的忠臣。由于他敢为民请命、勇于犯上死谏，千百年来一直为人们所拥戴。唐开元十三年为之立碑，大书"夏直臣关公之墓"，俗称"相国墓"。宋朝绍圣四年始建祠堂于河南灵宝县城东关（旧址已被三门峡水库淹没）。历代过往官员必到墓前拜谒，成为习俗。清末民初，墓前还有陵庙。现仅存一座一丈多高的土冢。清朝诗人初元方写下《关龙逄墓》诗一首："死谏开先第一人，千秋从此解批鳞，空言盛世能旌善，坯土何曾表直臣。”关龙逄，用自己的忠正之行，清晰地实践了自己永恒的生命价值。时光荏苒，沧桑变幻，在几千年后的今天，关龙逄的精神依然给我们以很大的启发：忠于使命，勇于担当，不畏强权，坚持真理，这些同样也是支撑我们前行的重要精神力量。

比干：生死无计较　唯君愿清明

比干（公元前1125年—公元前1063年），子姓，沫邑（今河南淇县）人，商朝王室，曾任少师等职。

原文：

纣愈淫乱不止。微子[1]数[2]谏不听，乃与大师[3]、少师[4]谋，遂去。比干曰："为人臣者，不得不以死争[5]。"乃强谏纣。纣怒曰："吾闻圣人心有七窍。"剖比干，观其心。

——《史记·卷三·殷本纪第三》

注释：

[1]微子：子姓，名启，纣王的庶兄，因功封于宋，成为宋国开国

远祖。

[2]数：屡次。

[3]大师：周三公（大师、大傅、大保）之一。

[4]少师：周三孤（少师、少傅、少保）之一。

[5]争：同“诤”，谏诤。

译文：

商纣王越来越淫乱，微子进谏数次，纣王仍不听谏，于是和大师、少师说了这件事以后，决定离去。比干说：“作为大臣，数谏不听就应当以死进谏。”于是，向纣王刚正地进谏。纣王发怒说：“我听说圣人的心有七窍。”于是下令把比干的心剖出来，看看是不是有七窍。

启示：

孔子曰：“志士仁人，有杀身以成仁，无求生以害仁”，又曰：“使于四方，不辱君命”。心中有“仁”，方能临危不惧，舍身取义。商纣暴虐无道，荒淫无度，导致国政荒废，民不聊生。微子婉谏不听，遂隐身而退，得以“仁、身、名并全成名”；箕子苦谏，身陷囹圄，靠装疯卖傻方得保命，终以“仁、身成名”；比干强谏，纣王“剖比干，观其心”，是以“杀身成名”。是时，天下忠正之士无不扼腕叹息，讷口少言。殷商终于被灭。孔子把微子、箕子、比干称作殷之“三仁”，就是因为他们胸怀天下、心系万民；他们行事有别，结局不同，但却昭然若揭，永世共存。

召公：爱民亲民　民恒敬之

召公（生卒年不详），又作“召康公”“太保召公”，姓姬名奭，周成王时曾任太保。

原文：

召公之治西方，甚得兆民和。召公巡行乡邑[1]，有棠树，决[2]狱政事其下，自侯伯至庶人各得其所，无失职者。召公卒，而民人思召公之政，怀棠树不敢伐，哥[3]咏之，作甘棠之诗。

——《史记·卷三十四·燕召公世家第四》

注释：

[1]乡邑：上古指乡遂的家乡、故里，意为城邑。

[2]决：断定，拿定主意。

[3]哥：同“歌”，意为歌颂。

译文：

召公治理西部，深受百姓爱戴。召公到城邑去检查，有一棵棠梨树，于是就在这棵树下办理诉讼、政事，从侯伯到百姓都得到了妥善的安置，没有赋闲的人。召公去世以后，老百姓思念他的政绩，也不敢砍伐棠梨树，并歌颂它，写了《甘棠》这首诗。

启示：

《诗经》里有《甘棠》诗一首，其诗为：“蔽芾甘棠，勿剪勿伐，召伯所茇。蔽芾甘棠，勿剪勿败，召公所憩。蔽芾甘棠，勿剪勿拜，召伯所说”。关于召公的记载，从《诗经》中的这一首《甘棠》可知一二。这首诗表现了老百姓对召公的深深思念和崇敬之情。《吕氏春秋》说：“闻其声而知其风，察其风而知其志，观其志而知其德”。《诗经》是真正的民俗歌谣，言辞真切感人，百姓世代相传。可见，真正地为百姓做了好事的人，是不会被百姓忘记的。有首歌唱得好：“天地之间有杆秤，那秤砣是老百姓。”“爱民者，民恒爱之；敬民者，民恒敬之。”召公的事迹虽鲜见于历史记载，但是真正的“圣德”之承传是不需要文字的，因为，他早已深深地留存在一代又一代人的心中。

晏婴：忠臣忠言　春秋楷模

晏婴（公元前578年—公元前500年），名婴，字仲，夷维（今山东高密）人，春秋时期齐国上大夫，曾任宰相等职。

原文：

齐侯问于晏子曰："忠臣之事其君何若？"对曰："有难不死，出亡不送。"君曰："裂地[1]而封之，疏爵[2]而贵之；吾有难不死，出亡不送，可谓忠乎？"对曰："言而见用，终身无难，臣何死焉；谋而见从，终身不亡，臣何送焉。若言不见用，有难而死之，是妄死也；谏而不见从，出亡而送，是诈为也。故忠臣者能纳善[3]于君而不能与君陷难者也。"

——《说苑·卷二·臣术》

注释：

[1]裂地：划分土地。

[2]疏爵：分封爵位。

[3]纳善：接纳善言。

译文：

齐侯问晏子说："忠臣应该怎样侍奉他的君主呢？"晏子答道："君主有了灾难不替君主死，君主逃亡的时候不送。"齐侯说："我划分土地给他作为封地，赐予他爵位使他尊贵；我有难的时候不替我死，我逃亡的时候，不送我，这就是忠吗？"晏子答道："臣子的建议能被采用，君主一生就不会有大难，臣子哪用得着去死；臣子出的计谋君主实施，则不用逃跑，臣子哪用去送他呢？如果建言了，君主不采用，君主有难了自己却自杀，这就白死了；劝谏君主，君主不听，君主逃亡的时候送他，这就是违心。因此，忠臣应该要规劝君主而不应该让君主身陷危难之地。"

启示：

公元前500年的一天，齐景公正在游玩，突然接到快报，说宰相晏婴去世了。这对国家来说无疑是重大损失，对景公来说，无疑是晴天霹雳，他立即吩咐备车，用快马驾车，车行不快，他干脆下车自己向国都狂奔。此时，景公六十一岁，如此年纪跑步前进，再快能快过马车吗？所以跑了一会儿，他又上车，缓过气来，继而又下车狂奔。如此折腾了四次，景公一路边哭边跑，边哭边赶路，到了晏婴家里，伏尸而嚎哭。弦章看不下去了，提请他注意，不要失礼数。齐景公说："安用礼乎？昔者吾与夫子，游于公阜之上，一日而三不听寡人，今其孰能然乎？吾失夫子则亡，何礼之有？"

"武死战，文死谏"，历来是中国忠臣良将的传统。武将固守边疆，以战死沙场、马革裹尸为荣；文官治国安邦，向君王谏言献策为最高使命。在中国历史上，以给君王提意见，闻名于后世的，一个是魏徵，另外一个就是晏婴。《晏子春秋》中215个故事，大部分都是晏婴在向君主提意见。他谏议的话题非常广泛，从内政到外交，从做人到做事，从学习到享乐，话题丰富多样，甚至创造了"一日三谏"君王的历史佳话。如此忠正，晏婴离世，景公如失肱骨，悲痛难禁。这则故事，意义甚广。君是明君，臣为忠良。君臣相得，天下大幸，苍生大福。

介子推：但求使命　不言功禄

介子推（？—公元前636年），又名介之推，后人尊为介子，春秋时期晋国（今山西介休）人。

原文：

晋侯[1]赏从亡者，介之推不言禄，禄亦弗及。推曰："献公之子九人，唯君在矣。惠、怀无亲，外内弃之。天未绝晋，必将有主。主晋祀者，非君而谁？天实置之，而二三子[2]以为己力，不亦诬乎？窃人之财，犹谓之盗，况贪天之功以为己力乎？下义其罪，上赏其奸，上下相蒙，难与处矣！"其母曰："盍亦求之，以死谁怼[3]？"对曰："尤而效之，罪又甚焉，且出怨言，不食其食。"其母曰："亦使知之若何？"对曰："言，身之文也。身将隐，焉用文之？是求显也。"其母曰："能如是乎？与汝偕隐。"遂隐而死。晋侯求之，不获，以绵上[4]为之田，曰："以志吾过，且旌善[5]人。"

——《左传·僖公二十四年》

注释：

[1]晋侯：指晋文公，即重耳。他逃亡在外，在秦国的帮助下回晋继承君位。

[2]二三子：指跟随文公逃亡的人。子是对人的美称。

[3]怼（duì）：怨恨。

[4]绵上：地名，在今山西介休市南、沁源县西北的介山之下。

[5]旌善：表彰美善。

译文：

晋文公赏赐和他一起流亡的人，介子推不要求赏赐，赏赐的时候，晋文公也没考虑他。介子推说："晋献公有九个孩子，只有您在。惠公、怀公都没有亲信，国内外都抛弃他们。老天不灭亡晋国，必将有明主。主宰晋国国祚的人，除了您还会有谁呢？这是上天已经安排好了，随同流亡的臣子却认为是自己的功劳，这不是胡说吗？偷拿别人的钱财叫做盗，何况贪占上天的功劳，把这作为自己的能力呢？臣子把罪过当作道义，君主却赏赐奸弊之人，彼此互相欺瞒，这该如何相处！"介子推的母亲说："你为什么不要呢？你这样死去怨恨谁呢？"答道："如果效仿他们，罪过就更大了，更何况已经说出埋怨的话，还如何领取他们的赏赐呢。”他的母亲说：“这也该让晋文公知道，怎么样呢？”答道：“语言，是身体的表达。我都要隐退了，还用得着表达吗？这样是乞求显达的做法。”他的母亲说：“你能这样做吗？我和你一同归隐。”于是，隐居到死。晋侯找不见他，只好把绵山作为他的祭田，说道：“把我的过错记录下来，去宣扬良善之人吧。”

启示：

“清明时节雨纷纷，路上行人欲断魂。”杜牧的这首诗被人吟唱了千年，唱不尽清明情怀。这一天也是寒食节。不论清明或者寒食节，都是为了纪念一个人——千古先贤介子推。他的故事，如割股奉君、辞官推赏、抱树而逝等等，人们大都耳熟能详。介子推身上所体现出的是舍小我、成国家、有承担、无私欲的使命情怀与奉献精神，实为古今之楷模：作为人臣，他大勇尽忠；对于自我处境，他泰然处之，不怨不争，进退自如，取舍明晰。

伍子胥：禀正刚烈　铁骨铮铮

伍子胥（公元前559年—公元前484年），名员，字子胥，本楚国椒邑（今湖北监利）人，春秋末期吴国大夫。曾任相国等职。

原文：

吴太宰嚭[1]既与子胥有隙[2]，因谗曰："子胥为人刚暴，少恩，猜贼[3]，其怨望恐为深祸也。前日王欲伐齐，子胥以为不可，王卒伐之而有大功。子胥耻其计谋不用，乃反怨望。而今王又复伐齐，子胥专愎[4]强谏，沮毁用事，徒幸吴之败以自胜其计谋耳。今王自行，悉国中武力以伐齐，而子胥谏不用，因辍谢，详病不行。王不可不备，此起祸不难。且嚭使人微伺之，其使于齐也，乃属其子于齐之鲍氏。夫为人臣，内不得意，外倚诸侯，自以为先王之谋臣，今不见用，常鞅鞅[5]

怨望。愿王早图之。”吴王曰：“微子之言，吾亦疑之。”乃使使赐伍子胥属镂之剑，曰：“子以此死。”伍子胥仰天叹曰：“嗟乎！谗臣嚭为乱矣，王乃反诛我。我令若父霸。自若未立时，诸公子争立，我以死争之于先王，几不得立。若既得立，欲分吴国予我，我顾不敢望也。然今若听谀臣言以杀长者。”乃告其舍人曰：“必树吾墓上以梓，令可以为器；而抉吾眼县吴东门之上，以观越寇之人灭吴也。”乃自刭死。吴王闻之大怒，乃取子胥尸盛以鸱夷[6]革，浮之江中。

——《史记·卷六十六·伍子胥列传第六》

注释：

[1]吴太宰嚭（pǐ）：伯嚭，春秋晚期人，出身于楚国一个贵族家庭，后因家难逃仕于吴，得到吴王宠信，屡有升迁，直至宰辅。

[2]隙：怨恨。

[3]猜贼：猜忌狠毒。

[4]专愎：刚愎，独断固执。

[5]鞅（yāng）鞅：因不平或不满而郁郁不乐。

[6]鸱（chī）夷：革囊。

译文：

吴国的太宰伯嚭和伍子胥有矛盾，因而向吴王进献谗言说：“伍子胥为人凶狠，不讲情义，喜欢猜忌，他的怨恨将要酿成大祸。前些天您要攻打齐国，伍子胥认为不可以，您最后攻打齐国，反而取得了大的功绩。伍子胥因为您不用他的计谋而心有怨恨。如今您又要攻打齐国，伍子胥又刚直进谏，诋毁您的做法。只想通过吴国的失败来显现他计策的高明。现在您要出征，举国中的兵力攻打齐国，却没有采纳伍子胥的谏言，所以他而推辞不去，假装生病不随行。您不得不做防备，这很容易引起大祸，我已安排人在观察他了，他出使齐国，于是把自己的儿子留给齐国的鲍氏。作为臣子，在本国不得志，却依靠外国诸侯王，觉得自己是先王的谋臣，现在却不被重用，常常郁郁寡欢心生怨恨。希望您早作打算。”吴王说：“没你说这话，我也已经怀疑他了。”于是派使者送给伍子胥一把属镂宝剑，说：“你用它自尽吧。”伍子胥仰天长叹道：“哎呀！谗臣伯嚭要作乱了，吴王反而要诛杀我。我辅助你的父亲成就了霸业。在你还没有被立为吴王的时候，几个王子争当太子，我向先王拼命争取，差点没有立你为太子。你被立为太子后，还打算分一片土地给我，我却没有要你报答我的想法。现在，你却听从馋臣的话要杀掉我这个长辈啊。”于是告诉他的门客说：“在我坟墓上种一棵梓树，可以拿它制作器物；挖掉我的眼睛挂在吴国东门上，可以观看越国的军队灭亡吴国。”于是自尽而死。吴王听说这件事情后，勃然大怒，就把伍子胥的尸体装进皮袋，浮在江中。

启示：

五月初五，一个含义丰富的民间节日。从仪式的呈现看，它不指向欢乐，而是关涉思念，警醒当下：伍子胥和屈原，一个是逃亡者，一个是放逐者。他们都是被封建专制所放逐的人。这恰恰是一个深刻的提示：端午从来都是民间的节日，人民的节日，是对昏庸政治的批判和抗议，也是人民对政治清明公正的一种期许，一个公平正义的社会，需要有像伍子胥和屈原这样为社稷担当、为国家尽责的正义之士。

蒙恬：功高万世敬　义正薄云天

蒙恬（？—公元前210年），姬姓，蒙氏，名恬，祖籍齐国（今山东蒙阴）人，秦朝大将。曾任内史、将军等职。

原文：

二世[1]又遣使者之阳周，令蒙恬曰："君之过多矣，而卿弟毅有大罪，法及内史。"恬曰："自吾先人，及至子孙，积功信于秦三世矣。今臣将兵三十余万，身虽囚系，其势足以倍畔[2]，然自知必死而守义者，不敢辱先人之教，以不忘先主也。……今恬之宗，世无二心，而事卒如此，是必孽臣逆乱，内陵之道也。……臣故曰过可振而谏可觉也。察于参伍，上圣之法也。凡臣之言，非以求免于咎[3]也，将以谏而死，愿陛下为万民思从道也。"使者曰："臣受诏行法于将军，不敢以将军言闻于上也。”蒙恬喟然[4]太息曰：“我何罪于天，无过而死乎？”良久，徐曰：“恬罪固当死矣。起临洮属之辽东，城堑[5]万余里，此其中不能无绝地脉哉？此乃恬之罪也。”乃吞药自杀。

——《史记·卷八十八·蒙恬列传第二十八》

注释：

[1]二世：秦二世胡亥。

[2]倍畔：倍，通“背”，背叛。

[3]咎：罪责。

[4]喟（kuì）然：形容叹气的样子。

[5]堑：防御用的壕沟，护城河。

译文：

秦二世派人到阳周，对蒙恬说：“你有很多罪过，而你的弟弟蒙毅犯有大罪，按照《秦律》要株连到你。”蒙恬说：“从我的祖先到我的子孙，为秦国尽忠建立功勋已有三代人了。现在我率兵三十万，虽然是囚犯的身份，我的力量足以谋反，然而知道自己必死却坚守为臣之道，不敢辱没祖宗的教诲，也不敢遗忘先皇的恩德。……现在我蒙恬一家，对您绝无二心，而事到如今，这一定是逆臣叛逆、王室衰落的原因。……我曾经说过：有过错可以规谏改正，听的人可以发现自己的过错。交错进行审查，是您的法度。我说的话，没有一句是要免除我的罪过的，我希望自己因为进谏而死，愿陛下多为万民着想，找到治国之道。”使者说：“我是受诏命前来对将军施以刑罚的，不敢把您说的这些话禀告圣上。”蒙恬叹息道：“我有什么过错，激怒了上天，让我没有罪过却得死。”过了一会，慢慢地说：“我罪过就该死。起自临洮接连到辽东，长城长达万余里，在这过程中哪能不挖断地脉呢？这是我的罪过啊。”于是，吞药自杀。

启示：

西周末年以来，西北胡患虎视眈眈、纷扰不断，一直严重威胁着华夏文明的生存。数千年历史中，对北作战功绩最显赫者，一为霍去病、一为蒙恬。蒙恬夺阴山南北，却匈奴七百余里，终秦一朝，北方安定；筑万里长城，遏匈奴南进，矗立千年，泽被苍生。可以说，此“文明之屏障”对于中华民族的稳定发展具有极其深远的历史意义，蒙恬当之无愧是华夏民族的大功臣。蒙恬最终虽蒙冤自杀，但他却用自己的方式，诠释了自己所笃信的汉家忠义。“孔师孟祖述忠义，自列丹青从古今”，蒙恬功绩彪炳史册，砥砺人心。如今，民族复兴事关千秋万代，责任则在当下。为此，提振精神，锐意进取，竭智尽力，建一世之功业，当不负于先贤，不负于时代。

张良：运筹帷幄　决胜千里

张良（约公元前250年—公元前186年），字子房，城父（今河南宝丰）人，西汉大臣。曾因功封留侯，食邑万户。

原文：

沛公[1]入秦宫，宫室帷帐狗马重宝妇女以千数，意欲留居之。樊哙[2]谏沛公出舍。沛公不听。良曰："夫秦为无道，故沛公得至此。夫为天下除残贼，宜缟素[3]为资。今始入秦，即安其乐，此所谓'助桀为虐'。且'忠言逆耳利于行，良药苦口利于病'，愿沛公听樊哙言。"沛公乃还军霸上。

——《史记·卷五十五·留侯世家第二十五》

注释：

[1]沛公：刘邦。

[2]樊哙：西汉开国元勋，吕后的妹夫。

[3]缟素：缟与素都是白色的生绢，此处意为朴素。

译文：

沛公进入秦宫，看到这里的宫室、帐幕、狗马、宝物、美女都数不完，想要留下来住在秦宫。樊哙劝谏沛公，不该在这里居住。沛公不听。张良说："秦朝治国无道，所以，您才可以进入秦宫。您本来就是为天下铲除暴政，应以清廉朴素为本。现在进入秦宫，就想享受安乐，这可谓是'助纣为虐'的行为。更何况'忠言逆耳利于行，良药苦口利于病'，希望沛公听取樊哙的意见。"沛公于是把军队驻扎在霸上。

启示：

楚汉之争是刘邦大胜、项羽大败。之所以有这样的结局，刘邦善于用人的才能"功不可没"。他正确地总结了自己取胜的经验和项羽失败的教训，即"得人者得天下，失人者失天下"。其中包含两个方面：一是必须有杰出人才。张良不仅是杰出的战略家，而且是出色的政治活动家。他能制定正确的战略，并通过自身的政治活动来实现。二是人才必须保得住。要保住人才，就要尊重人才，重用人才。汉高祖堪称中国帝王中重用人才的典范。他对张良敬之如师，自始至终保持着这种特殊关系。汉高祖知人善用，有大胸怀，更有大智慧。

卜式：输家济难　高风亮节

卜式（生卒年不详），河南郡（今河南洛阳）人，西汉大臣。曾任中郎、缑氏令、齐王太傅、御史大夫等职。

原文：

时汉方事匈奴，式上书，愿输家财半助边。上使使问式："欲为官乎？"式曰："自小牧羊，不习仕宦，不愿也。"使者曰："家岂有冤，欲言事乎？"式曰："臣生与人亡所争，邑人贫者贷之，不善者教之，所居，人皆从式，式何故见冤！"使者曰："苟，子何欲？"式曰："天子诛匈奴，愚以为贤者宜死节，有财者宜输之，如此而匈奴可灭也。"……

岁余，会浑邪[1]等降，县官[2]费众，仓府[3]空，贫民大徙[4]，皆印给县官，无以尽赡[5]。式复持钱二十万与河南太守，以给徙民。河南上富人助[6]贫民者，上识式姓名，曰："是固前欲输其家半财助边。"乃赐式外繇[7]四百人，式又尽复与官。是时富豪皆争匿[8]财，唯式尤欲助费。上于是以式终长者，乃召拜式为中郎[9]，赐爵左庶长，田十顷，布告天下，尊显以风百姓。

初式不愿为郎，上曰："吾有羊在上林中，欲令子牧之。"式既为郎，布衣草蹻而牧羊。岁余，羊肥息。上过其羊所，善之。式曰："非独羊也，治民亦犹是矣。以时起居，恶者辄去，毋令败群。"上奇其言，欲试使治民。拜式缑氏令，缑氏便之；迁成皋令，将漕最。上以式朴忠，拜为齐王太傅，转为相。

——《汉书·卷五十八·公孙弘卜式儿宽传第二十八》

注释：

[1]浑邪：匈奴浑邪王。

[2]县官：指官府或天子。

[3]仓：粮仓。府：钱库。

[4]徙：迁移。由中原迁至边地。

[5]尽赡：全部供给之意。

[6]助：《史记》在助字下有"籍"字。籍，所上之簿册，卜式之名在其中。

[7]外徭：谓出徭戍钱，即更赋钱。

[8]匿：藏也。

[9]中郎：近侍之官。属郎中令（光禄勋）。

译文：

当时汉朝正在抵抗匈奴入侵，卜式上书，愿捐家财的一半助边事。皇上派人问卜式："想当官吗？"卜式说："从小牧羊，不熟悉怎样当官，不愿意做官。"使者说："家里难道没有冤家仇人，想讲出来吗？"卜式说："臣生来与人无争，乡里有贫穷的就借钱给他，不善的人教他干好事，在住处与人友好相处，卜式有何冤事呀！"使者说："那你想干什么？"卜式说："天子抗击匈奴，我以为贤者理应为大节而死，有钱的应出钱，这样匈奴可灭。"

一年后，遇上浑邪王等降汉，国家费用过大，仓府空虚，贫民多迁徙，都靠国家补给，也无法完全供给。卜式又拿钱二十万给河南太守，以救流民。河南上报富人助贫名单，皇上认出了卜式，说："是那一位坚持要给一半家产助边的人。"于是赐卜式差役四百人，卜式又全部还给官府。当时，富豪都争相隐匿财产，只有卜式特别想帮助国家。于是皇上把卜式尊为长者，任命卜式为中郎，赐爵左庶长，田十顷，布告天下，以示尊崇，鼓励百姓效法。

起初卜式不愿为郎中令，皇上说："我有羊在上林苑中，想让先生去放牧。"卜式当了郎官后，依然穿着布衣草鞋去牧羊。一年多，羊肥壮又繁殖得很多。皇上经过牧羊场地，表示赞许。卜式说："不只是牧羊，治民也是一样。按时起居，坏的立即除去，不让其害群。"皇上惊奇他的言语，想让他试一试治民。任卜式为缑氏令，缑氏大治；迁成皋令，管领漕运，考核最优。皇上因卜式朴实忠厚，任命他为齐王太傅，又转任为相。

启示：

司马迁说："天下熙熙，皆为利来；天下攘攘，皆为利往。"没有好处的事情，谁干？付出不图回报，谁信？然而，卜式这样一个靠牧羊发家致富的商人，在国家危难时，主动拿出大量家产为朝廷分忧，表现出了一种超乎个人身份的宽广胸襟和人生境界。他毫无怨言地将不少财产捐献给地方政府，解移民赡养之急，这种"自身为轻国为重"的精神当世少有，与那些匿财逃税、积货逐利的豪富商贾行为有天壤之别。

申屠嘉：制衡无二　铁面执法

申屠嘉（？—公元前155年），梁郡（今河南商丘）人，西汉大臣。曾任淮阳郡守、御史大夫、丞相等职。

原文：

嘉为人廉直，门不受私谒[1]。是时太中大夫邓通方隆爱幸，赏赐累巨万。文帝尝燕饮[2]通家，其宠如是。是时丞相入朝，而通居上傍，有怠慢之礼。丞相奏事毕，因言曰："陛下爱幸臣，则富贵之；至于朝廷之礼，不可以不肃！"上曰："君勿言，吾私之。"罢朝坐府中，嘉为檄召邓通诣丞相府，不来，且斩通。通恐，入言文帝。文帝曰："汝第往，吾今使人召若。"通至丞相府，免冠，徒跣[3]，顿首谢。嘉坐自如，故不为礼，责曰："夫朝廷者，高皇帝之朝廷也。通小臣，戏殿上，大不敬[4]，当斩。吏今行斩之！”通顿首，首尽出血，不解。文帝度[5]丞相已困通，使使者持节[6]召通，而谢丞相曰：“此吾弄臣，君释之。”邓通既至，为文帝泣曰：“丞相几杀臣。”

——《史记·卷九十六·张丞相列传第三十六》

注释：

[1]私谒：因私事而干谒请托。

[2]燕饮：燕，通“宴”，很随便地饮酒作乐。

[3]徒跣（xiǎn）：赤脚而行。

[4]大不敬：不敬皇帝的罪名，这是个死罪。

[5]度：估计，推测。

[6]节：符节，古代使者持之以作为凭证的信物。

译文：

申屠嘉为人廉洁正直，在家里不接受私事拜访。当时太中大夫邓通特别受汉文帝的宠爱，汉文帝赏赐给他的钱财已达万万。汉文帝曾经到他家饮酒作乐，由此可见汉文帝对他宠爱的程度。当时申屠嘉入朝拜见皇帝，而邓通站在汉文帝的身边，礼数上有些简慢。申屠嘉奏事完毕，接着说道：“皇上您喜爱您的宠臣，可以让他富贵，至于朝廷上的礼节，却是不能不严肃对待的。”汉文帝说道：“你不要再说了，我对邓通就是偏爱。”申屠嘉上朝回来坐在相府中，下了一道手令，让邓通到相府来，如果不来，就要把邓通斩首。邓通非常害怕，进宫告诉了文帝。文帝说："你尽管前去无妨，我立刻就派人召你进宫。"邓通来到了丞相府，摘下帽子，脱下鞋子，向申屠嘉叩头请罪。申屠嘉很随便地坐在那里，故意不以礼节对待他，同时还斥责他说："朝廷嘛，是高祖皇帝的朝廷。你邓通只不过是一个小臣，却胆敢在大殿之上随随便便，犯有大不敬之罪，应该杀头。来人，现在就执行把他斩了！"邓通不停地磕头，头上碰得鲜血直流，但申屠嘉仍然没有说饶了他。文帝估计丞相已经让邓通吃尽了苦头，就派使者拿着皇帝的符节召邓通进宫，并且向丞相表示歉意说："这是我亲狎的臣子，您就饶了他吧！"邓通回到宫中之后，哭着对文帝说："丞相差点杀了我！"

启示：

韩非子曰："奉法者强，则国强；奉法者弱，则国弱。"治国理政，要有法度。"奉法"是治乱兴衰之要。法律，古今中外都有，但是，"天下大事，不难于立法，而难于法之必行"。申屠嘉崇法，敬法，刚正不阿，铁面无私，只要违反法律和朝廷的规章制度，不管是达官显贵，还是皇亲国戚，他都敢治罪。申屠嘉把"依法治理"看得高于一切。的确，汉文帝时期，刚刚经历了动荡和混乱，民不聊生，百废待兴，不依靠法治，国家难以存续。只有以法治国，用法度来规范社会行为，国家才能强大。"文景之治"的繁荣，充分证明申屠嘉的认识至深至正！

"今人不见古时月，今月曾经照古人。"当下，我们正大力倡导建设社会主义法治国家，需要一大批"申屠嘉式"的优秀干部。

郅都：战克之将　国之爪牙

郅都（生卒年不详），河东郡杨县（今山西洪洞）人，西汉大臣。曾任中郎将、济南太守、雁门太守、中尉等职。

原文：

都为人勇，有气力，公廉，不发私书[1]，问遗[2]无所受，请寄[3]无所听。常自称曰："已倍[4]亲而仕，身固当奉职死节官下，终不顾妻子矣。"

郅都迁为中尉。丞相条侯[5]至贵倨也，而都揖丞相。是时民朴，畏罪自重，而都独先严酷，致行法不避贵戚，列侯宗室见都侧目而视，号曰"苍鹰"。

——《史记·卷一百二十二·酷吏列传第六十二》

注释：

[1]私书：私人求情的信。

[2]问遗：送礼。

[3]请寄：私人请托。

[4]倍：同“背”，离开。

[5]条侯：指丞相周亚夫。

译文：

郅都为人勇敢，有才气，公正廉洁，不看说情的私信，给他送礼也不收，有人请托也不听。自己经常说：“已经离开亲人来做官，本来就应该尽忠尽职保持为官的节操，终将无法照顾妻子和儿女。”

郅都升为中尉。丞相周亚夫地位尊崇，百官见了他都朝拜他，只有郅都向他作揖。这时民风淳朴，害怕触犯刑律而加强自我约束，而郅都执法严酷，执法时不避亲贵，列侯宗室见到他都侧目而视，人称“苍鹰”。

启示：

说起酷吏，总会让人联想到阴险、残忍、毒辣的字眼，让人毛骨悚然。但是，《史记·酷吏列传》中的郅都却没有我们想象的那般严酷。他为官公正廉洁，拒绝请托，不受贿赂；执法不避权贵，刚正不阿，对列侯宗室侧目而视。为此，司马迁给予其“伉直，引是非，争天下大体”的赞誉。后人更是把郅都与廉颇、赵奢等名将并列，赞美之情，溢于言表。忠君爱国，是古代官德的核心要素。郅都，无疑是封建时期官吏的楷模。

苏武：不辱君命　恒守气节

苏武（公元前140年—公元前60年），字子卿，杜陵（今陕西西安）人，西汉大臣。曾任郎中、栘中厩监、典属国等职。

原文：

昭帝即位数年，匈奴与汉和亲。汉求武等，匈奴诡言武死。后汉使复至匈奴，常惠[1]请其守者与俱，得夜见汉使。具自陈过。教使者谓单于，言天子射上林[2]中，得雁，足有系帛书，言武等在荒泽[3]中。使者大喜，如惠语以让单于。单于视左右而惊，谢[4]汉使曰："武等实在。"……单于召会武官属，前以降及物故[5]，凡随武还者九人。……武留匈奴凡十九岁，始以强壮出，及还，须发尽白。

——《汉书·卷五十四·李广苏建传第二十四》

注释：

[1]常惠：苏武的属官。

[2]上林：苑名。汉武帝时建，供皇帝春秋游猎。

[3]荒泽：即荒泽，指北海。

[4]谢：认错，道歉。

[5]物故：死亡。

译文：

汉昭帝登基后几年，匈奴与汉朝和亲。汉朝要求匈奴放回苏武等人，匈奴谎称苏武死了。后来汉朝使者又到了匈奴，常惠听说后，请求看守的人夜里一起去见汉使，并把全部情况向汉使陈述。常惠教汉使对单于说，说是皇上在上林苑射猎，射下一只大雁，雁的脚上系着帛书，书上写着苏武等人活在荒泽中。汉使高兴，按照常惠教的话责问单于。单于看着左右的人，很吃惊，向汉使道歉说："苏武他们的确还活着。"……单于召集苏武及随从官员，除去先前投降的和死去的以外，随苏武回到汉朝的一共有9个人。……苏武被扣留在匈奴共19年，出使匈奴时正是壮年，到返回时，胡须和头发全都白了。

启示：

孔子曰："志士仁人，有杀身以成仁，无求生以害仁"，又曰："使于四方，不辱君命"，这正是苏武最真实的写照。苏武的忠义精神空前绝后。在冰天雪地的北海，面对生活所需一无所有，他怎么可能活得下去呢？然而，他竟然能安然无恙，一住19年，这是忠于汉朝、不辱使命的信念，支撑他战胜了恶劣的自然环境。苏武这种忠贞的气节与坚毅的操守，源于他始终不忘自己的职责与使命，源于他心中生生不息的浩然正气，而这正是中华民族的精神所在。

董宣：衙前无冤鼓　身后有美名

董宣（生卒年不详），字少平，陈留郡圉县（今河南杞县）人，东汉大臣。曾任北海相、江夏太守、洛阳令等职。

原文：

时湖阳公主[1]苍头[2]白日杀人，因匿主家，吏不能得。及主出行，而以奴骖乘[3]，宣于夏门亭候之，乃驻车叩马，以刀画地，大言数主之失，叱奴下车，因格杀之。主即还宫诉帝[4]，帝大怒，召宣，欲棰杀之。宣叩头曰："愿乞一言而死。"帝曰："欲何言？"宣曰："陛下圣德中兴，而从奴杀良人，将何以理天下乎？臣不须棰，请得自杀。"即以头击楹，流血被面。帝令小黄门[5]持之，使宣叩头谢主，宣不从，强使顿之，宣两手据地，终不肯俯。主曰："文叔[6]为白衣时，臧主匿死，吏不敢至门。今为天子，威不能行一令乎？”帝笑曰：“天子不与白衣同。”困敕强项令出。赐钱三十万，宣悉以班[7]诸吏。由是搏击豪强，莫不震栗。京师号为“卧虎”。歌之曰：“枹鼓不鸣董少平。”

——《后汉书·卷七十七·酷吏列传第六十七》

注释：

[1]湖阳公主：东汉光武帝刘秀的姐姐。

[2]苍头：奴仆。

[3]骖乘：在车右边陪乘。

[4]帝：即汉光武帝。

[5]黄门：指太监。

[6]文叔：刘秀的字。

[7]班：分发。

译文：

当时湖阳公主的奴仆白天行凶杀人，因为躲在公主家里，官吏不敢去抓他。等到湖阳公主外出时，却用这个杀人的奴仆作陪乘。董宣在夏门亭等候湖阳公主，截住公主的车，拦住公主的马，用刀划地，大声列举公主的过错，呵斥那个奴仆下车，于是杀了他。湖阳公主立即回宫告诉了光武皇帝，光武皇帝大怒，召见董宣，想用棍打死他。董宣叩头说：“我请求说一句话再死。”光武皇帝说：“想说什么？”董宣说：“陛下圣德中兴汉朝，却放纵奴仆杀害良民，将怎样治理天下呢？我不用棍打，请让我自杀吧。”就用头碰撞柱子，血流满面。皇帝命令小太监扶持着他，让董宣向公主叩头谢罪，董宣不服从，小太监强迫他叩头，董宣两手据地，始终不肯低头。公主说：“文叔当百姓时，隐藏逃犯和犯了死罪的人，官吏也不敢上门捉拿。现在当了天子，你的权威却不能加于一个县令吗？”光武帝笑着说：“天子不能同老百姓一样。”便命令这个硬脖子县令出去。赐给董宣三十万钱，董宣全给了手下的官吏们。从此，董宣打击豪强，没有不震惊发抖的。京师称他为“卧虎”。唱歌表扬他说：“董宣衙前无冤鼓。”

启示：

董宣，执法如山，宁折不弯。据说，董宣到洛阳做县令时，是抬着口棺材赴任的。他出身寒门，耕读传家，体察百姓疾苦，愿意替百姓讲话。但是他当然明白，得罪权贵可能随时性命不保，所以在赴任洛阳时，他才让人抬了口棺材，表明不异一死的决心。董宣并非豪门望族，也非元老重臣，仅仅是相当于后世的七品小芝麻官。但光武帝刘秀器重他，称之为“强项令”；百姓拥戴他，赋予他“硬脖子县令”的雅号。主要原因就在于他“利归天下，誉属黎民”的淡泊情怀。他想问题、办事情，正气凛然，秉公执法，“以德服人，以正服人”，震慑了刁顽恶徒，感动了平民百姓，受到世世代代老百姓的敬仰和称颂。

杨秉：兀世而立　忠谏惩宦

杨秉（92年—165年），字叔节，弘农郡华阴县（今陕西华阴）人。东汉大臣。曾任刺史、侍中、尚书、光禄大夫等职。

原文：

中常侍侯览兄参为益州刺史，残暴贪婪，累臧[1]亿计。太尉杨秉奏槛车[2]征参，参于道自杀，阅其车重三百余两，皆金银锦帛。秉因奏曰："臣案旧典，宦官本在给使省闼，司昏守夜；而今猥受过宠，执政操权，附会者因公褒举，违忤者求事中伤，居法王公，富拟国家，饮食极肴膳，仆妾盈纨素。中常侍侯览弟参，贪残元恶，自取祸灭。览顾知衅重[3]，必有自疑之意，臣愚以为不宜复见亲近。昔懿公刑邴歜之父，夺阎职之妻，而使二人参乘，卒有竹中之难。览宜急屏斥，投畀[4]有虎，若斯之人，非恩所宥，请免官送归本郡。”书奏，尚书召对秉掾属[5]，诘之曰：“设官分职，各有司存。三公统外，御史察内。今越奏近官，经典、汉制，何所依据？其开公具对！”秉使对曰：“《春秋传》曰：‘除君之恶，唯力是视。’邓通懈慢，申屠嘉召通诘责，文帝从而请之。汉世故事，三公之职，无所不统。”尚书不能诘，帝不得已，竟免览官。

——《资治通鉴·卷五十五·汉纪四十七》

注释：

[1]臧：同“赃”，赃物。

[2]槛车：囚车。

[3]衅重：罪恶深重。

[4]畀（bì）：给，给以。

[5]掾属：佐治的官吏。

译文：

中常侍侯览的兄弟侯参任益州刺史，残暴贪婪，贪赃所得数额巨大。太尉杨秉请求皇上用囚车把侯参捉来，侯参在路上道查看他的三百多辆车架，都装着金银锦帛。杨秉上奏说：“按照以往的制度，宦官就应该供宫内使用，看管门户；而现在宦官得到了过度的宠幸，把持了朝政大权，巴结宦官的人就会得到他们的保举，违背宦官意志的人就会被借机打击报复，宦官起居生活上效仿王公，财富上富可敌国，饮食上吃的是佳肴珍膳，他们的奴仆侍妾都穿着洁白细绢。中常侍侯览的弟弟侯参，贪婪残暴至极，就是自取灭亡；侯览知道罪孽深重，一定会心生疑惑，我认为不应该再让他在您周围侍驾了。昔日，齐懿公处罚邴歜的父亲，又夺去阎职的妻子，却让他们一同乘车，最后酿成了竹林中的灾难。侯览应该被立即斥退，放逐到虎群中，像这一类人，并不能用恩德来宽恕他的罪过，恳请圣上将他免职并送回原籍。”听完奏书以后，尚书召来杨秉的属吏，责问道：“朝廷设置官职，各自都有自己的职责范围。三公管理外部的政务，御史对内监察官吏。现在杨秉超过他的职责弹劾侯览，在经书典籍、汉朝的制度中，依照的是哪一条？请他公开详细答复。”杨秉派去的属官回答道：“《春秋传》说：‘为君王除奸去恶，要使出全部的力气。’邓通懈怠轻慢，申屠嘉把他叫到相府进行了责备，汉文帝默许了申屠嘉的做法。汉代的制度，三公的职责，没有什么是不能管的。”尚书无法回答，汉桓帝迫不得已，于是将侯览免官。

启示：

杨秉，刚正不阿，忠贞不屈，一身浩然正气，终为人之俊彦，国之栋梁，民之福祉。古人讲：“国有国法，家有家规”。杨秉的父亲杨震，暮夜拒金，赢得“四知先生”美誉。正所谓有其父必有其子，杨秉承“关西孔子”之志，刚直不阿，扶危拯弱，愈加彰显杨门家风。

追溯历史，从包拯训示：“后世子孙仕宦，有犯赃滥者，不得放归本家；亡殁之后，不得葬于大茔之中。不从吾志，非吾子孙。”到林则徐教育子孙：“子孙若如我，留财做什么？贤而多财，则损其志；子孙不如我，留钱做什么？愚而多财，益增其过。”再从《颜氏家训》到《曾国藩家书》，不难发现，良好家风的传承，其核心都是“仁义礼智信”等中华传统文化和道德的传承。家是最小国，国是千万家。传承好的家风，才能为社会风清气正，国家和谐发展集聚“家”的最大正能量。

关云长：披肝沥胆　义重如山

关羽（？—220年），字云长，河东解良（今山西运城）人。东汉末年名将，曾任襄阳太守、前将军等职。

原文：

初，曹公壮[1]羽为人，而察其心神无久留之意，谓张辽曰："卿试以情问之。"既而辽[2]以问羽，羽叹曰："吾极知曹公待我厚，然吾受刘将军[3]厚恩，誓以共死，不可背之。吾终不留，吾要当立效以报曹公乃去。"辽以羽言报费公，曹公议之。及羽杀颜良，曹公知其必去，重加赏赐。羽尽封其所赐，拜书告辞，而奔先主于袁军。

——《三国志·卷三十六·蜀书六》

注释：

[1]壮：佩服。

[2]辽：曹魏大将张辽。

[3]刘将军：刘备。

译文：

当初，曹操佩服关羽的为人，后来观察他的心情神态并无久留之意，对张辽说："你凭私人感情去试着问问他。"不久张辽询问关羽，关羽感叹地说："我非常清楚曹公待我情义深厚，但是我受刘将军的深恩，发誓与他同生死，不能背弃他。我终将不能留下，我必当立功来报答曹公后再离开。"张辽将关羽的话回报给曹操，曹操认为他是义士。关羽杀了颜良后，曹操知道他一定会离开，便重加赏赐。关羽全部封存曹操给他的赏赐，呈书告辞，到袁绍军中投奔刘备去了。

启示：

关羽，一个以义重如山而闻名的人物，义是他最突出的美德，被清代毛宗岗称为"义绝"。关羽在到曹营之前，就提出"约法三章"，表明自己的立场——在曹营是暂时的，离开是必然的。到了曹营后，曹操为了留住关羽，日夜宴请关羽，送他金银、美色，赠他赤兔马，纵使封将拜侯，关羽也不为之所动。在得知刘备的消息后，他毅然决定离开曹营。临行前，曹操送金赠袍给他，关羽惟恐有诈，没有下马去接却用刀挑着收下，而且他不顾自己身上的箭伤，星夜兼程，赶赴刘备所在。关羽戴忠履义，过好了个人的“政治关、名利关、劳苦关、生活关、安全关”，留下了为人传诵的“忠义”精神。时至今日，关羽精神仍未过时，这种精神依然值得广大党员干部学习，学习关羽的“过关”精神，把牢思想和行动的“总开关”，过好“五关”。

王猛：巧遇明主识　得振凌云志

王猛（325年—375年），字景略，北海郡剧县（今山东寿光）人，十六国时期前秦大臣。曾任丞相、大将军等职。

原文：

时既留镇冀州，坚[1]遣猛于六州之内听以便宜从事[2]，简召英俊[3]，以补关东守宰，授讫，言台除正[4]。……猛宰政公平，流放尸素[5]，拔幽滞[6]，显贤才，外修兵革，内综儒学，劝课农桑，教以廉耻，无罪而不刑，无才而不任，……坚尝从容谓猛曰："卿夙夜匪懈[7]，忧勤万机，若文王得太公，吾将优游以卒岁。"……其见重如此。

——《晋书·卷一百十四·载记十四》

注释：

[1]坚：前秦皇帝苻坚。

[2]便宜从事：指根据情况，自行决定适当的措施或办法。

[3]英俊：有才干的人。

[4]除正：授予正官。

[5]尸素：空占的职位。

[6]幽滞：隐沦而未被擢用之士。

[7]夙夜匪懈：形容日夜辛劳，勤奋不懈。

译文：

王猛镇守冀州，苻坚派遣王猛在六个州之内根据情况自行处理政务无须上奏，任用那些有才干的人，用来担任关东地区的郡守和县令，任命之后，只需要上报台阁正式任命即可。……王猛处理政事不失偏颇，驱逐那些不尽职的官员，选拔那些隐沦而未被擢用之士，人尽其才，对外加强军备，对内尊崇儒学，督促百姓进行农业生产，告诉他们什么是廉耻，有罪必罚，有才必用。……苻坚对王猛说：“你日夜辛劳，勤奋不懈，我就像周文王得到周太公一样，可以终年悠闲自得地生活。”……可见，苻坚对王猛如此地看重。

启示：

孟子曰：“君之视臣如手足，则臣视君如腹心。”苻坚曾把他和王猛的关系与文王太公望相比较，可见王猛与苻坚君臣相得，精契神交。据《史记》记载，当年渭水河畔，文王与太公邂逅，纵谈文治武功，天下大事，相见恨晚，文王遂知遇到了可遇而不可求的国之栋梁。太公终不负君望，助周伐纣，开启了周室800年王朝大业。正如范文斓先生所说："王猛在中国古代将相群中，属于第一流的将相。然最令世人感叹的是他与苻坚君臣相得，精契神交。"翻开那段尘封已久的历史，点点滴滴，字里行间，无不体现着符坚对王猛的信任无疑，王猛对符坚的全心全力。两个人，如管鲍之交，似伯牙子期，堪称君臣关系之典范。

乐运：承业强谏 坦诚旷达

乐运（生卒年不详），字承业，南阳淯阳（今河南南阳）人。北周大臣，曾任仓曹参军、记室参军、万年县丞、京兆郡丞等职。

原文：

建德二年，除万年县丞[1]。抑挫豪右，号称强直。高祖[2]嘉之，特许通籍[3]，事有不便于时者，令巨细奏闻。高祖尝幸同州，召运赴行在所。既至，高祖谓运曰："卿来日见太子不？"运曰："臣来日奉辞。"高祖曰："卿言太子何如人？"运曰："中人也。"时齐王宪以下，并在帝侧。高祖顾谓宪等曰："百官佞我，皆云太子聪明睿知，唯运独云中人，方验运之忠直[4]耳。"于是因问运中人之状。运对曰："班固以齐桓公为中人，管仲相之则霸，竖貂[5]辅之则乱。谓可与为善，亦可与为恶也。”高祖曰：“我知之矣。”遂妙选宫官，以匡弼之。

——《周书·卷四十·列传第三十二》

注释：

[1]县丞：官名，是县令的主要助手。

[2]高祖：北周武帝，宇文邕。

[3]通籍：记名于门籍，可以进出宫门。

[4]忠直：忠诚正直。

[5]竖貂：春秋时期人物，不惜自宫而进入齐桓公的内廷，成为齐桓公的宠臣。

译文：

建德二年，乐运任万年县丞。抑制豪族势力，号称刚强正直。高祖嘉许他，特地允许将他记名于宫门之外，凡有事不便于公开奏报的，无论大小，可以直接入宫上奏。高祖曾巡幸同州，召乐运赶赴住处。乐运到后，高祖对他说：“你见过太子吗？”乐运说：“我来的时候曾向他辞别。”高祖又问：“你看太子是怎样一个人？”乐运答：“平常人。”当时齐王宇文宪以下，都在皇帝身边。高祖回头对宇文宪等人说：“百官都逢迎我，他们都说太子聪明颖悟，只有乐运说他是平常人，正验证了乐运的忠诚正直。”于是，又问乐运有关平常人的情况。乐运回答说：“班固认为齐桓公是平常人，管仲辅佐他，可以称霸，竖貂辅佐他则发生动乱。这就是说，可使平常人做好事，也可使他干坏事。”高祖说：“我明白了。”于是认真选派太子属官，用来纠正和辅佐他。

启示：

《论语·子路篇》曰：“为君难，为臣不易。”大概的意思就是说：为君为臣都不是一件简单的事情，都要各守其职、各尽其责。子路又问孔子如何侍奉君主，孔子回答说：“勿欺也，而犯之。”意思是，“不能欺骗他，但可以犯颜直谏。”诚然，进谏和纳谏，关乎国家兴衰存亡，但是，进谏需要胆量和智慧，纳谏则需要胸怀和雅量。“夫谏始于顺辞，中于抗议，终于死节。”马融指出：作为臣子，应当至死坚持正确主张，甚至不惜以死抗争。中国历史向来不缺少这样的忠正之士；关龙逢死谏，开先河第一人；比干强谏，纣王“剖比干，观其心”。这是何等壮烈？而乐运，同样也是这样一位充满天地间浩然正气，敢于直言相谏的忠正之士。今天的社会，讲求法治和民主，但讲忠谏精神，仍有着深刻的现实意义。我们要勇于做一个方正之人，勇于做鲁迅笔下的“勇士”，在大是大非面前，不做墙头草，随风摇摆；不做水浮萍，随波逐流。

魏徵：良臣明镜　兴国鉴察

魏徵（580年—643年），字玄成，巨鹿下曲阳（今河北晋县）人，唐代大臣。曾任谏议大夫、尚书左丞、光禄大夫等职。

原文：

太宗新即位，励精政道，数引徵入卧内，访以得失。徵雅有经国之才，性又抗直，无所屈挠。太宗与之言，未尝不欣然纳受。徵亦喜逢知己之主，思竭其用，知无不言。太宗尝劳之曰："卿所陈谏，前后二百余事，非卿至诚奉国，何能若是？"其年，迁尚书左丞。或有言徵阿党[1]亲戚者，帝使御史大夫温彦博案验无状，彦博奏曰："徵为人臣，须存形迹，不能远避嫌疑，遂招此谤[2]。虽情在无私，亦有可责。"帝令彦博让徵，且曰："自今后不得不存形迹。"他日，徵入奏曰："臣闻君臣协契，义同一体。不存公道，唯事形迹，若君臣上下，同遵此路，则邦之兴丧，或未可知。"帝瞿然[3]改容曰："吾已悔之。"徵再拜曰："愿陛下使臣为良臣，勿使臣为忠臣。"帝曰："忠、良有异乎？"徵曰："良臣，稷、契、咎陶是也。忠臣，龙逄、比干是也。良臣使身获美名，君受显号，子孙传世，福禄无疆。忠臣身受诛夷，君陷大恶，家国并丧，空有其名。以此而言，相去远矣。"帝深纳其言，赐绢五百匹。

及病笃[4]，舆驾再幸其第，抚之流涕，问所欲言，徵曰："嫠不恤纬而忧宗周之亡。"后数日，太宗夜梦徵若平生，及旦而奏徵薨，时年六十四。……尝临朝谓侍臣曰："夫以铜为镜，可以正衣冠；以古为镜，可以知兴替；以人为镜，可以明得失。朕常保此三镜，以防己过。今魏徵殂逝，遂亡一镜矣！徵亡后，朕遣人至宅，就其书函得表一纸，始立表草，字皆难识，唯前有数行，稍可分辩，云：'天下之事，有善有恶，任善人则国安，用恶人则国乱。公卿之内，情有爱憎，憎者唯见其恶，爱者唯见其善。爱憎之间，所宜详慎，若爱而知其恶，憎而知其善，去邪勿疑，任贤勿贰，可以兴矣。'其遗表如此，然在朕思之，恐不免斯事。公卿侍臣，可书之于笏[5]，知而必谏也。"

——《旧唐书·卷七十五·列传第二十一》

注释：

[1]阿党：比附于下，结党营私。

[2]谤：说别人的坏话。

[3]瞿然：惊视的样子。

[4]病笃：病势沉重。

[5]笏：古代大臣上朝拿的手板，用玉、象牙或竹片制成，上面可以记事。

译文：

太宗刚即位，励精图治，多次把魏徵召到他住的地方，单独询问治国施政的得失。魏徵很有治理国家的才干，性情又耿直，从不退缩屈服。太宗与他谈论，总是欣然接受他的意见。魏徵也为遇到赏识自己的君主而喜不自胜，于是把心里的想法全部说出来，毫不隐瞒。太宗曾经慰劳魏徵说："您所陈述进谏的事，前后有二百多项，不是您至诚报效国家，怎么能够这样？"那年，太宗又升任他为尚书左丞。有人诽谤魏徵包庇自己的亲戚，太宗派御史大夫温彦博去查办，结果查无实据，温彦博向太宗奏道："魏徵作为一个臣子，应该使自己的行为显明，他不能远避嫌疑，所以遭受这些没有根据的诽谤。虽然没有私情，也应当受到责备。"太宗叫温彦博去责备魏徵，并说："从今以后，行为不得不存痕迹。"第二天，魏徵入朝上奏太宗说："我听说君臣一心，如同一个整体。置国家大事于不顾，一味追求行为显露痕迹，如果君臣上下都遵循这条道路，那么国家的兴衰就难以预料了。"太宗大惊失色说："我已经悔悟这件事了。"魏徵又跪下说："愿陛下让臣做良臣，不要让臣做忠臣。"太宗说："忠臣、良臣有不同的地方吗？”魏徵说：“稷、契、咎陶就是良臣。龙逢、比干就是忠臣。良臣使自身获得美名，君主得到光耀的称号，子孙世代相传，福禄无边。忠臣自身遭祸被杀，君主陷于愚昧、凶暴的境地，国破家亡，只得到一个忠臣的空名。从这说来，忠臣、良臣相差就远了。”太宗深深地被魏徵的话打动了，赐给魏徵绢五百匹。……

到魏徵病重，太宗再次到魏徵的府第，抚摸着魏徵流泪，问他有什么要求，魏徵说：“寡妇不愁织布的纬线少，而忧虑宗周的危亡。”过了几天，太宗夜里梦见魏徵像平时一样，到清晨魏徵去世的消息就奏报上来了，时年六十四岁。有次上朝时太宗感叹地对侍臣说：“用铜做镜子，可以端正衣冠；用历史做镜子，可以知道兴衰更替；用人做镜子，可以了解得失。朕常用这三面镜子，用来防止自己的过失。现在魏徵去世，我失去了一面镜子！魏徵去世后朕派人到他家里，得到他的一页遗表，才刚起草，字都难以辨识，只有前面几行，稍微可以辨认，上面写道：‘天下的事情，有善有恶，任用善人国家就安定，任用恶人国家就衰败。公卿大臣中，感情有爱有憎，自己憎的就只看见他的恶，自己爱的就只看见他的善。爱憎之间，应当审慎，如果爱而知道他的恶，憎而知道他的善，除去邪恶不犹豫，任用贤人不猜忌，国家就可以兴盛了。’遗表的大意就是这样，然而朕思考这事，自己恐怕不能避免魏徵所说的这些过错。公卿侍臣，可以把这些话写在手板上，知道朕有过错一定要进谏。”

启示：

魏徵辅佐唐太宗17年，“上不负时主，下不阿权贵，中不侈亲戚，外不为朋党，不以逢时改节，不以图位卖忠”，以“犯颜直谏”而闻名。作为中国封建社会最负盛名的谏官代表，其誓做“良臣”，不为愚忠，秉公直谏，获此殊荣，实至名归。20世纪60年代初，党中央曾把魏徵的《谏太宗十思疏》印发全党学习；教育部更是将其编入了中学语文课本，足见其历史影响之深远。当前，我们党面临复杂的国内外局势和繁重的建设任务，广大党员领导干部要在批评与自我批评方面身体力行，勇于承认和纠正缺点错误，更重要的是要敢于接受千万个“魏徵”式的党员和广大群众的批评和监督，切实拿起批评与自我批评的武器，积极开展思想斗争，不断提高党的凝聚力和战斗力。

朱敬则：识才知人　高洁守正

朱敬则（635年—709年），字少连，亳州永城（今河南永城）人，唐朝大臣。曾任右补厥、正谏大夫、郑州刺史、凤阁鸾台平章事等职。

原文：

长安三年，累迁正谏大夫，寻同凤阁鸾台平章事。时御史大夫魏元忠、凤阁舍人张说为张易之兄弟所诬构，将陷重辟[1]，诸宰相无敢言者，敬则独抗疏申理曰："元忠、张说素称忠正，而所坐无名[2]。若令得罪，岂不失天下之望也？"乃得减死。四年，以老疾请罢知政事，许之，累转冬官侍郎，仍依旧兼修国史。张易之、昌宗尝命画工图写武三思及纳言李峤、凤阁侍郎苏味道、夏官侍郎李迥秀、麟台少监王绍宗等十八人形像，号为高士图，每引敬则预其事，固辞不就，其高洁守正如此。

神龙元年，出为郑州刺史，寻以老致[3]仕。二年，侍御史冉祖雍素与敬则不协，乃诬奏云与王同皎亲善，贬授庐州刺史。经数月，洎[4]代到，还乡里，无淮南一物，唯有所乘马一匹，诸子侄步从而归。敬则重然诺，善与人交，每拯人急难，不求其报。又尝与三从兄同居四十余年，财产无异。雅[5]有知人之鉴，凡在品论者，后皆如其言。景龙三年五月，卒于家，年七十五。

——《旧唐书·卷九十·列传第四十》

注释：

[1]辟：法，刑。

[2]名：做某事时用来作依据的称号。

[3]致：送给，给予。

[4]洎（jì）：到，及。

[5]雅：极，甚。

译文：

长安三年，朱敬则调任正谏大夫，代理宰相之职。当时，御史大夫魏元忠、凤阁舍人张说被张易之兄弟陷害，将要受到重刑，宰相们不敢直言，只有朱敬则抗疏申理说：“元忠、张说一向忠正，加在他们头上的罪无根据。如果这样处以重刑，岂不失天下之望？”这样二人得免死刑。长安四年，他以年老多病请辞宰相职务，批准了，又调任冬官侍郎，依旧兼修国史。张易之、张昌宗曾经命画工画武三思和纳言李峤、凤阁侍郎苏味道、夏官侍郎李迥秀、麟台少监王绍宗等十八人肖像，号称为《高士图》，他们每拉朱敬则参与，朱敬则都坚决不参与。高洁守正达到如此境界。

神龙元年，朱敬则担任郑州刺史，不久告老还乡。神龙第二年，因侍御史冉祖雍一向与朱敬则不和，便诬告说他与王同皎亲善，被贬为卢州刺史。过了几个月，等继任者到来，他便还乡。还乡时，身无淮南一物，只有乘马一匹，他的子侄都步行跟随归乡。朱敬则重承诺，善与人交，每次救人于急难，不求报答。他与他的堂兄弟同居四十多年，财产不分彼此。他很会识才知人，凡是他品评的人，后来都如他所评论的。景龙三年五月，在家中去世，时年七十五岁。

启示：

常言道：“君子之交淡如水，为政之道清似茶。”须知，私情占了上风，公义就会弃如敝屣；关系粉墨登场，原则就会溃退失守；利益高于一切，法纪就会蒙尘。张易之、张昌宗热衷于搞团团伙伙，整天琢磨拉关系、套近乎、打造“一荣俱荣，一损俱损”的《高士图》。朱敬则深知搞官官勾结、拉帮结派、山头主义的严重危害，故而“固辞不就”。他一生忠贞义烈、清廉为官，虽因性情直爽遭诬被贬，但终被历史正名，为天下人所推崇。传统文化提倡和而不同、群而不党的君子之交，真正将心中那把遵纪守法的戒尺作为“护身符”，方能行得正、走得远。

包拯：铁面无私　青天可鉴

包拯（999年—1062年），字希仁，庐州合肥（今安徽合肥）人，北宋大臣。曾任三司户部判官、龙图阁直学士、开封府尹、御史中丞、三司使、天章阁待制、枢密副使等职。

原文：

拯立朝刚毅，贵戚宦官为之敛手，闻者皆惮[1]之。人以包拯笑比黄河清，童稚妇女，亦知其名，呼曰“包待制”。京师为之语曰：“关节[2]不到，有阎罗包老。”旧制，凡讼诉不得径造[3]庭下。拯开正门，使得至前陈曲直[4]，吏不敢欺。中官势族筑园榭，侵惠民河，以故河塞不通，适京师大水，拯乃悉毁去。或持地券自言有伪增步数者，皆审验劾奏之。

拯性峭直[5]，恶吏苛刻，务敦厚，虽甚嫉恶，而未尝不推以忠恕[6]也。与人不苟合，不伪辞色悦人，平居无私书，故人、亲党皆绝之。虽贵，衣服、器用、饮食如布衣时。尝曰："后世子孙仕宦，有犯赃者，不得放归本家，死不得葬大茔中。不从吾志，非吾子若孙也。"

——《宋史·卷三百一十六·列传第七十五》

注释：

[1]惮：害怕。

[2]关节：古义指打点，疏通关系。

[3]径造：直接往访。

[4]曲直：指是非，善恶。

[5]峭直：严峻刚正。

[6]忠恕：儒家的一种道德规范。

译文：

包拯为官刚强果决，贵戚宦官因此大为收敛，听说的人也都很害怕他。人们把包拯笑比作是比黄河水变清澈一样难的事情，小孩和妇女也都知道他，称他为"包待制"。京师的人因此说："暗中说人情、行贿勾通官吏的事行不通的人，有阎罗王和包拯。"按照旧的制度，凡是进行诉讼的人，都不能直接去官署递交状纸。包拯打开衙门的正门，使得进行诉讼的百姓可以直接进去陈述是非，衙门的衙役也不敢欺瞒。朝中官员、世家大族修建园林楼榭，侵占了惠民河，导致河道阻塞不通，正赶上京师发大水，包拯于是把这些园林楼榭全部毁掉。有的人拿着地契谎报田亩数，包拯都一一审验核报，上奏弹劾那些虚报田产的人。

包拯性情严峻刚正，痛恨小吏对待百姓严厉刻薄，务求诚朴宽厚，虽然十分憎恨，也没有因此不再对他们进行宽恕。包拯与人相处不随意附和，也不巧言令色取悦他人，平时也没有什么私人信件，所以连朋友、亲戚都不往来。虽然后来地位尊贵，他穿的衣服、使用的器皿、吃的食物都和没当官前一样。曾经说："我的子孙后代为官从政，如果有贪赃枉法的人，不得放回老家，死了不得埋葬在祖坟中。不听从我的教诲，就不是我的子孙。"

启示：

包拯是古往今来知名度最高的一位官员，也是黎民百姓呼唤清官与盼望治世的精神寄托。他一生刚正不阿、不畏权贵、不徇私情、秉公执法，树立了中国人心目中最铁面无私的"青天"形象。习近平总书记指出，好干部要做到信念坚定、为民服务、勤政务实、敢于担当、清正廉洁。简短的20个字，道出了新时代好干部的标准。为官者要学习包拯的为官之道，时刻牢记"为民、务实、清廉"这六个字，勤奋务实不当懒官，拼搏进取不当庸官，秉公办事不当昏官，廉洁奉公不当贪官，做一个"为官一任，造福一方，无憾一生"的好官。如是，方无愧于肩上的重任，方能撑起头上的一片青天。

夏原吉：原吉雅量　江河浩荡

夏原吉（1366年—1430年），字维喆，祖籍江西德兴，居于湖广行省潭州府湘阴县，明朝大臣。曾任户部右侍郎、采访使、户部尚书。

原文：

原吉早孤，力学养母。以乡荐入太学，选入禁中书制诰。诸生或喧笑，原吉危坐俨然。太祖诇而异之。擢户部主事。成祖即位，转左侍郎。……浙西大水，有司治不效。永乐元年，命原吉治之。……原吉布衣徒步，日夜经画[1]。盛暑不张盖，曰："民劳，吾何忍独适。"事竣，还京师。

三年，从北巡。帝取原吉橐糗[2]尝之，笑曰："何恶也？"对曰：

“军中犹有馁[3]者。”帝命赐以大官之馔[4]，且犒将士。

原吉有雅景，人莫能测其际。同列有善，即采纳之。或有小过，必为之掩覆。吏污所服金织赐衣。原吉曰：“勿怖，污可浣也。”又有污精微文书者，吏叩头请死。原吉不问，自入朝引咎，帝命易之。吕震尝倾原吉。震为子乞官，原吉以震在“靖难”时有守城功，为之请。平江伯陈瑄初亦恶原吉，原吉顾时时称瑄才。或问原吉：“量可学乎？”曰：“吾幼时，有犯未尝不怒。始忍于色，中忍于心，久则无可忍矣。”尝夜阅爰书[5]，抚案而叹，笔欲下辄止。妻问之。曰：“此岁终大辟[6]奏也。”与同列饮他所，夜归值雪，过禁门，有欲不下者，原吉曰：“君子不以冥冥堕行”。其慎如此。

——《明史·卷一百四十九·列传第三十七》

注释：

[1]经画：经营筹划。

[2]糗（qiǔ）：干粮，炒熟的米或面等。

[3]馁：饥饿。

[4]馔（zhuàn）：饮食，吃喝。

[5]爰（yuán）书：古代记录囚犯供辞的文书。

[6]大辟：古代五刑之一，死刑。

译文：

夏原吉小时候就成了孤儿，他努力学习，以求将来奉养他的母亲。他经由州县荐举进入太学，后来进入皇宫书写皇帝的诏令。诸生中有的大声说笑，而夏原吉庄重严肃地坐在那里。明太祖因此而觉得他与众不同，让他担任户部主事一职。明成祖即位后，夏原吉担任左侍郎。……浙西发了洪水，有关部门虽然也治理了，但是没有效果。永乐元年，明成祖命令夏原吉到浙西去治水。……夏原吉身着粗布衣服，徒步前往，不管白天黑夜都进行谋划。即便是盛暑也不使用伞盖遮阳避暑，说："百姓都在辛劳，我怎么能够独自舒适地享受呢？"治水一事结束后，夏原吉返回京师。

明宣宗三年，随从宣宗在北方巡察。宣宗从夏原吉的干粮袋里拿了块干粮，尝了尝，笑着说："好难吃。"他答道："军中还有挨饿的人呢。"宣宗命令把大官们吃的东西赐给他，并且犒劳军中将士。

夏原吉气度宏大，人们都没法揣测到他的边际。同在朝堂为官，有的建议，他就采纳。有的犯了小的过错，就一定为他们遮掩。有一名官员弄脏了皇帝赏赐给他的金织的衣服，夏原吉说："不要怕，洗一下就干净了。"还有一次有一个小吏弄脏了精致的文书，磕头请求被处罚。夏原吉没有追问，自己进入朝廷说把弄脏文书的过错算在自己头上，皇帝命令重新换一下。吕震和夏原吉有旧交。吕震想要为他的儿子谋求官职，夏原吉因为吕震在"靖难"之时，守城有功，于是代他向朝廷进行请求。平江伯陈瑄起初讨厌夏原吉，夏原吉却经常称赞陈瑄的才能。有的人问夏原吉说："气度宏大的肚量，可以学到吗？"他答道："我小的时候，有人触犯了我，我也没有发怒。开始面无怒色，后来在心中隐忍，时间长了就没有什么忍耐的了。"我曾经在晚上查看审讯记录，拍着桌子叹气，想要下笔却又停止了。妻子问他，他说："这是年底执行死刑的奏折啊。"他和同朝的官员到别处饮酒，晚上回来的时候赶上下雪，途经宫门，有的人不想下马通过，夏原吉说："君子不应该在没人的时候放纵自己的行为。"他就是如此谨慎。

启示：

俗话说"将军额上能跑马，宰相肚里好撑船"，夏原吉就有宏大的气量，人们不能测量它的边际。为官者有气量，当努力做到"三容"。一是"容得下人"，就是能够接纳各种不同性格的人，这不仅是一种道德修养，也是一门领导艺术。只有接纳不同个性的人，充分发挥每个人的积极性和创造性，才能推动事业不断发展壮大。二是"容得下话"。尤其在批评与自我批评中的批评环节，带刺的、过激的甚至与事实不符的话，要能耐着性子，硬着头皮听下去，做到有则改之，无则加勉。三是"容得下事"。同事之间，难免会有磕磕碰碰，难免会功名利禄的事搅在一起，对这些事情要看得淡一些。

海瑞：清廉刚正　勤政爱民

海瑞（1514年—1587年），字汝贤，号刚峰，广东琼山（今属海南）人，明代大臣。曾任户部主事、兵部主事、尚宝丞、两京左右通政、右佥都御史等职。

原文：

御史诣学宫，属吏咸伏谒，瑞独长揖[1]，曰："台谒当以属礼，此堂，师长教士地，不当屈。"迁淳安知县。布袍脱粟[2]，令老仆艺蔬自给。总督胡宗宪尝语人曰："昨闻海令为母寿，市肉二斤矣。"宗宪子过淳安，怒[3]驿吏，倒悬之。瑞曰："曩[4]胡公按部，令所过毋供张。今其行装盛，必非胡公子。"发橐金数千，纳之库，驰告宗宪，宗宪无以罪。

时世宗享国日久，不亲朝，深居西苑，专意斋醮。……廷臣自杨最、杨爵得罪后，无敢言时政者。四十五年二月，瑞独上疏。帝得疏，大怒，抵之地，顾左右曰："趣执之，无使得遁！"宦官黄锦在侧曰："此人素有痴名。闻其上疏时，自知触忤当死，市一棺，诀妻子，待罪于朝。僮仆亦奔散无留者，是不遁[5]也。"帝默然。少顷复取读之，日再三，为感动太息。留中者数月。尝曰："此人可方比干，第朕非纣耳。"

——《明史·卷二百二十六·列传第一百十四》

注释：

[1]长揖：旧时拱手高举继而落下的一种敬礼。

[2]脱粟：糙米饭。

[3]怒：谴责。

[4]曩（nǎng）：以往，从前，过去的。

[5]遁：逃。

译文：

御史来到县学学舍，属下的官吏都跪地拜见，唯独海瑞只作揖，不下拜，说："按规定在御史台谒见御史，应当用属官的礼节，可这个厅堂是师长教诲学生的地方，不应该屈膝下跪。"海瑞升任淳安县知县。他在任上穿布衣，吃粗米，让家中老仆种菜自给。总督胡宗宪曾经告诉别人说："昨天我听说海县令为母亲祝寿，只买了二斤肉。”胡宗宪的儿子路过淳安，怨恨驿吏，把他倒吊起来。有人报告海瑞，海瑞说：“从前胡公巡察所辖各地，下令经过的地方不要招待。现在看此人的行装非常奢华，一定不是胡公子。”海瑞打开他的行囊，有数千两银子，收缴到国库里，派人骑快马把这件事报告给胡宗宪，胡宗宪无法加罪海瑞。

当时世宗在位时日已久，不再上朝听政，深居皇宫西苑，专心斋戒祀神。……朝中大臣，自从杨最、杨爵因上疏劝谏而获罪后，没有谁再敢议论时政。嘉靖四十五年二月，唯独海瑞一人上疏。世宗皇帝看了奏章大怒，把它扔到地下，回头对身边的宦官说：“赶紧把他抓起来，别让他跑了。”宦官黄锦在一旁说：“此人一向有痴名。听说他上疏时，自己知道冒犯皇上难免一死，就买了一口棺材，诀别妻子儿女，在朝廷待罪。家中僮仆也都打发走了没有留一个，这表明他并不打算逃走。”世宗皇帝沉默不语。过了一会儿，皇帝又拿出奏章来看，就这样一天之中看了两三次，被感动而叹息。皇上曾经说：“此人可与比干相比，只是我不是纣王罢了。”

启示：

对海瑞的评价众说纷纭，但他勤政爱民、忠正清廉的精神非常值得我们学习和弘扬。他勤勉实干，一生历经波折、浮沉不定，但始终保持一种奋发有为、兢兢业业、真抓实干的精神，“整顿吏治，救民疾苦”，政绩斐然。海瑞一生为民谋利，关心百姓疾苦。他认为“安否关宗社，利害在生民”，安民是治国之本。他严禁下属盘剥百姓，坚决打击乡官权贵侵害百姓利益。

施世纶：智政惠四方　青天一文亭

施世纶（1659年—1722年），字文贤，号浔江，福建晋江人，清朝大臣。曾任泰州知州、扬州知府、江宁知府、苏州知府、江南淮徐道、湖南布政使、安徽布政使、太仆寺卿、顺天府府尹、左副都御史、户部侍郎、云南巡抚、漕运总督等职。

原文：

世纶当官聪强果决，摧抑[1]豪猾，禁戢[2]胥吏。所至有惠政，民号曰“青天”。在江宁以忧[3]归，民乞留者逾万。既不得请，人出一钱建两亭府署前，号一文亭。……赈陕西，陕西积储多虚耗，将疏劾，鄂海以廷祥知会宁，语微及之，世纶曰：“吾自入官，身且不顾，何有于子。”卒[4]疏言之。鄂海坐[5]罢去。

——《清史稿·卷二百七十七·列传第六十四》

注释：

[1]摧抑：挫折压制。

[2]戢（jí）：收敛，收藏。

[3]忧：指父母之丧。

[4]卒：终于。

[5]坐：介词，因，由于，为着。

译文：

施世纶为官英明坚强，处事果决，敢于打击豪猾，严于约束下属官吏，禁止他们的违法行为。所任职的地方都能施行惠政，人民称为“青天”。在江宁任上因为父母去世辞职回乡，百姓请求他留任的超过万人。请求没得到朝廷同意，于是人人捐出一文钱，在府署前修建了两个亭子，起名叫“一文亭”。……他受朝廷委命出赈陕西饥民时，查出陕西的仓库积贮大多受到虚耗，将要上疏弹劾，当地行政长官鄂海有意把他儿子廷祥在会宁做知县的一些事情讲给他听，暗示如果他上疏弹劾，将对他儿子不利。施世纶说：“我自从入朝做官自身尚且不顾，哪里还去顾儿子。”最终上疏弹劾，鄂海因此被罢官离开陕西。

启示：

当官为政，不贪污受贿、不敲诈勒索，其实只是最基本的道德和规范。当官的最终目的，是全心全意地为人民服务。施世纶为官秉公执法，不畏权贵，勤于民事，深受百姓爱戴，终得名垂青史。执政为官者把政治纪律和规矩当目的，当借口，消极怠工不作为，自以为清正廉洁不逾矩就可以了，其实已经偏离了航道。“讲规矩、守纪律”是对领导干部的必然要求，但不可“万事皆不为，一心求太平”，做起“鸵鸟”，这样只会拘泥于“无过即是功”，陷入“尸位素餐”的泥淖，没有了干事创业的激情与梦想。所以，执政为官不仅要“立其志、正其身、稳其行、直其人”，更要俯下身子、甩开膀子、迈开步子、掏出心窝子，做想干事、能干事、干成事的百姓父母官。

孙嘉淦：笔架先生素常痴　清廉忠正天下知

孙嘉淦（1683年—1753年），字锡公，又字懿斋，号静轩，山西兴县人，清朝大臣。曾任国子祭酒、河东盐政、吏部侍郎、都察院左御史、刑部尚书等职。

原文：

嘉淦为祭酒，荐其弟扬淦为国子监丞。教习宋镐、方从仁等期满引见[1]，嘉淦言镐等皆可用；上诘之，又言从仁实不堪用。上乃大怒，斥嘉淦反覆欺罔，夺职，交刑部治罪，当挟诈欺公律拟斩。上语诸大臣曰："孙嘉淦太戆[2]，然不爱钱。"命免罪，在户部银库效力行走[3]。嘉淦出狱，径诣库。果亲王允礼时领户部，疑嘉淦故大臣，被黜，不屑会计事；又闻蜚语谓嘉淦沽名，收银皆不足。乃莅视，嘉淦方持衡称量，与吏卒杂坐均劳苦。询所收银，则别置一所，覆之，无丝毫羸绌。事上闻，上愈重嘉淦。十二年，命署河东盐政。

十三年八月，高宗即位，召嘉淦来京，以侍郎候补。九月，授吏部侍郎。十一月，迁都察院左都御史，仍兼吏部。嘉淦以上初政，春秋方盛，上疏言："臣本至愚，荷蒙皇上圣恩，畀[4]以风纪重任。日夜悚惶，思竭一得之虑；而每月以来，捧读圣训，剀切[5]周详，仁政固已举行，臣愚更无可言。所欲言者，皇上之心而已。皇上之心，仁孝诚敬，明恕精一，岂复尚有可议？而臣犹欲有言者，正于心无不纯、政无不善之中，窃鳃鳃私忧过计而欲预防之也。治乱之循环，如阴阳之运行。阴极盛而阳生，阳极盛而阴姤。事当极盛之地，必有阴伏之机。其机藏于至微，人不能觉；及其既著，积重而不可返。此其间有三习焉，不可不慎戒也。主德清则臣心服而颂，仁政行则民身受而感，出一言而盈廷称圣，发一令而四海讴歌，在臣民本非献谀，然而人主之耳则熟于此矣。耳与誉化，非誉则逆，始而匡拂者拒，继而木讷者厌，久而颂扬之不工者亦绌矣。是谓耳习于所闻，则喜谀而恶直。上愈智则下愈愚，上愈能则下愈畏，趋跄谄胁，顾盼而皆然，免冠叩首，应声而即是。此在臣工以为尽礼，然而人主之目则熟于此矣。目与媚化，非媚则触，故始而倨野者斥，继而严惮者疏，久而便辟之不巧者亦忤矣。是谓目习于所见，则喜柔而恶刚。敬求天下之事，见之多而以为无足奇也，则高己而卑人；慎辨天下之务，阅之久而以为无难也，则雄才而易事；质之人而不闻其所短，返之己而不见其所失。于是乎意之所欲，信以为不逾，令之所发，概期于必行矣。

是谓心习于所是，则喜从而恶违。三习既成，乃生一弊。何谓一弊？喜小人而厌君子是也。今夫进君子而退小人，岂独三代以上知之哉？虽叔季之君，孰不思用君子？且自智之君，各贤其臣，孰不以为吾所用者必君子而决非小人？乃卒之小人进而君子退者，无他，用才而不用德故也。德者君子之所独，才则君子小人共之，而且小人胜焉。语言奏对，君子讷而小人佞谀，则与耳习投矣。奔走周旋，君子拙而小人便辟，则与目习投矣。即课事考劳，君子孤行其意而耻于言功，小人巧于迎合而工于显勤，则与心习又投矣。小人挟其所长以善投，人主溺于所习而不觉，审听之而其言入耳，谛观之而其颜悦目，历试之而其才称乎心也，于是乎小人不约而自合，君子不逐而自离。夫至于小人合而君子离，其患可胜言哉？而揆厥所由，皆三习为之蔽焉。治乱之机，千古一辙，可考而知也。我皇上圣明临御，如日中天，岂惟并无此弊，抑且并无此习。然臣正及其未习也而言之，设其习既成，则或有知之而不敢言，抑或言之而不见听者矣。今欲预除三习，永杜一弊，不在乎外，惟在乎心，故臣原言皇上之心也。语曰：‘人非圣人，孰能无过？’此浅言也。夫圣人岂无过哉？惟圣人而后能知过，惟圣人而后能改过。孔子谓五十学易，可无大过。文王视民如伤，望道如未之见。是故贤人之过，贤人知之，庸人不知也。圣人之过，圣人知之，贤人不知也。欲望人绳愆纠谬而及于其所不知，难已。故望皇上圣心自懔之也。反之已真知其不足，验之世实见其未能，故常欿然不敢自是。此不敢自是之意，流贯于用人行政之间，夫而后知谏争切磋，爱我良深，而谀悦为容者，愚己而陷之阱也；夫而后知严惮匡拂，益我良多，而顺从不违者，推己而坠之渊也。耳目之习除，取舍之极定，夫而后众正盈朝，太平可睹矣。不然，自是之根不拔，则虽敛心为慎，慎之久而觉其无过，则谓可以少宽；厉志为勤，勤之久而觉其有功，则谓可以少慰。此念一转，初亦似于天下无害，而不知嗜欲燕安功利之说，渐入耳而不烦，而便辟善柔便佞者，亦熟视而不见其可憎。久而习焉，或不自知而为其所中，则黑白可以转色，而东西可以易位。所谓机伏于至微而势成于不可返者，此之谓也。大学言‘见贤而不能举，见不贤而不能退’，至于好恶拂人之性；而推所由失，皆因于骄泰，骄泰即自是之谓也。由此观之，治乱之机，转于君子小人之进退；进退之机，握于人主之一心；能知非则心不期敬而自敬，不见过则心不期肆而自肆。敬者君子之招而治之本也，肆者小人之媒而乱之阶也。然则沿流溯源，约言蔽义，惟望我皇上时时事事常守此不敢自是之心，而天德王道举不外乎此矣。”疏上，上嘉纳，宣示[6]。

——《清史稿·卷三百三·列传第九十》

注释：

[1]引见：清制，特指京官五品以下、外官四品以下，授官时文官由吏部，武官由兵部带领朝见皇帝。

[2]戆（zhuàng）：刚直。

[3]行走：清代把不设专官的机构或非专任的官职称为行走。

[4]畀（bì）：给予。

[5]剀（kǎi）切：恳切规谏。

[6]宣示：公布。

译文：

孙嘉淦担任国子祭酒时，举荐他的弟弟孙扬淦担任国子监丞。教习宋镐、方从仁工作期满授予官职时，孙嘉淦说宋镐等都可以任用；雍正质问他，又说方从仁本来不该授官。雍正于是大怒，斥责孙嘉淦言行不一欺骗自己，免去官职，交由刑部按律处置，应当被判以斩刑。雍正对大臣们说："孙嘉淦太刚直，但是不爱钱。"下令免去他的死罪，让他暂时在户部银库工作。孙嘉淦出狱后，直接前往户部银库。果亲王允礼当时兼管户部，疑心孙嘉淦原是大臣，遭受贬黜，会不屑于从事财务杂事；又听流言说孙嘉淦沽名钓誉，收银入库时不认真导致分量都不够。果亲王于是到场视察，只见孙嘉淦正手执衡器称量，跟下吏仆役杂坐在一起，跟他们同样辛苦出力。问到他收纳的银两，原来另放一处，认真核查，发现没有丝毫多余或不足。把实情上奏皇帝后，皇帝更加器重孙嘉淦。雍正十二年，下令他代理河东盐政。

雍正十三年八月，清高宗乾隆即位，召孙嘉淦来京，授予候补侍郎的官职。九月，孙嘉淦担任吏部侍郎。十一月，担任都察院左都御史，仍然兼任吏部侍郎。孙嘉淦因为乾隆刚登基，百业待举，上疏说："臣子平庸愚钝，学识浅薄，见闻孤陋，承蒙圣上赏识，委以教化风纪的重任.日夜惊惶不安，希望竭尽我愚昧之人的所有努力，能为圣上的谋划尽微薄之力。而几个月以来，捧读皇上的圣谕，皇上仁心仁政，诚恳真切，周详细致，仁政既然已经实行，我就更没有什么话可说了。凡是百姓臣子心中所想而口不敢言的，皇上都已想到了。皇上的心，仁爱、孝道、诚恳、恭敬，并且明察秋毫宽大为怀，哪里还有什么可进谏的？而臣还有话想说的原因，正是在皇上您的所思所想纯厚无瑕，为政仁德没有不善之时，而有所顾虑，因而过早考量预先进言以为防备。国家的安定与动乱的循环，如同阴阳的运行。坤阴发展到极盛之时乾阳就开始发生发展，乾阳发展到极盛之时坤阴就开始发生发展。事物发展到极盛的时候，一定有潜藏的危机开始萌芽。这种危机，埋藏于极微小之处，人不能立刻觉察到；而等到它发展壮大显著出来的时候，就已积重难返了。这其中有三习，不可不小心谨慎予以警戒呀。皇上德行清正，臣子就会衷心服膺而称颂；皇上政令仁厚，臣民身受圣恩而心怀感激。皇上每说一句话，满朝臣子都会称颂圣德，皇上每发一道政令，四海臣民都会赞美讴歌，这在臣民，原本不是出于阿谀奉承，但是皇上的耳朵却会渐渐熟习于此。耳朵被赞誉转化，渐渐地，不是赞誉的话就听着很不顺耳了，于是开始的时候对于纠正自己的错误辅佐自己为政的进谏会拒绝接受，继而言语木讷不善赞誉的也会厌烦，久而久之，颂扬之词不够工巧精妙的也日渐相形见绌了。这就是所谓的耳朵习惯了听好听的，就会变得喜欢谄媚阿谀而厌恶直言进谏了。主上越是睿智聪敏，臣下便越是愚钝，主上越是精明能干，臣下便越是畏惧，环顾左右，入目所见，都是毕恭毕敬谄谀奉承的样子，随声应和，都是脱帽行礼叩头跪拜的动作。在臣子，行为举止规矩工整是为尽到礼仪，然而皇上的眼睛，却熟悉于此。眼睛被媚态转化，渐渐地，不够谄媚的看着就觉得抵触，看不顺眼了，于是开始的时候孤高不逊的人被排斥，继而威严而令人慑服的也被疏远，久而久之，曲意逢迎得不工巧的人也看不顺眼了。这就是所谓的眼睛习惯了谄媚的样子，就会变得喜欢柔滑恭顺而厌恶刚正耿直。恭敬地延请天下的有才之士，见得多了，就觉得没什么奇特的，于是不自觉地高看自己同时贬低别人。小心谨慎地办理天下的政务，阅历多了，就觉得没什么难办的，于是自觉雄才大略，临政处事渐渐掉以轻心。质询于人，听不到对自己短处的谏议；反省自心，也看不到自己为政的过错。于是乎自己的意愿，都自信地认为不会有违礼法；发号政令，也自认为都会得到落实执行。这就是所谓的心习惯于自认为对的，就会变得喜欢顺从而厌恶违拗。这三种习惯一旦养成，就会滋生一种弊端。是什么弊端呢？喜欢小人而厌恶君子。所谓近君子而退小人，哪里只是尧舜禹三代以上的君主知道的道理？即使是末世的君主，履行政务也希望治理好国家，谁不想用君子之臣呢？况且自认为睿智的君主，更是认为自己的臣子都很贤良，谁不认为我所用的必定是君子，而绝非小人呢？然而最终落得小人进而君子退的下场，没有别的原因，这都是用才而不用德的缘故啊。高尚的道德是君子所独有的，而机敏的才能却是小人和君子共有的，并且小人更胜一筹。言语奏对，君子木讷而小人机巧谄媚，则与人君的耳习投合。奔走周旋，君子拙直而小人恭谨逢迎，则与人君的目习投合。即使日常工作劳动考核，君子独自完成他的工作，而耻于自矜功劳；小人巧于迎合，而长于显示君子的勤勉，则与人君的心习又投合了。小人凭借自己的特长，善于投合人君的心理，人君沉溺于自己的习惯，而不能察觉，审慎地聆听，小人的谗言听来很是顺耳；仔细地观察，小人的行止看着甚是悦目；屡次考验，小人的才能更是称心如意。于是乎小人不请自来不约而合，君子不请自退渐渐远离，一旦到了小人聚集而君子远离的地步，祸患哪里还说得尽啊！揆情度理，推断这种状况的由来，都是因为三习的蒙蔽所导致的。治乱的关键，千古不变，如出一辙，皇上可考察历史而验证这一点。我皇万岁，圣贤英明，自古未有，非但没有这个弊端，也并未有这些习气。然而臣正是要在这些习气还没有养成之前来进谏皇上，倘若这三习已然养成，就会变成即使知道真相的人也不敢说话甚或就算有人敢说圣上也听不进去的状况了。如今要预先除掉这三种习气，永远杜绝一个弊端，不在于外界，只在于皇上的内心，因此臣下在这里进言请皇上修心自懔。《论语》曰：‘人非圣人，孰能无过。’这是肤浅的言论，圣人哪里会没有过错呢？但是唯有圣人犯了过错之后能够知晓，唯有圣人犯了过错之后能够改正。孔子说：我五十岁开始学习易经，之后可以不犯大的过错了。文王的臣民虽然没有遭受寒冻和饥馑的灾害，而文王看待自己的臣民仍然好像是他们遭受了伤害，这是因为只有文王知道他的臣民还有怎样的不足。文王的易学通贯天人之道，但仍认为自己只是在向着王道努力而未能真正地见道，这是因为只有文王自己知道自己还没有抵达至高无上的境界。贤人的过错，贤人自己知道，而庸人是不知道的。圣人的过错，圣人自己知道，而贤人是不知道的。在一个人还不知道自己的过错的时候，就期望他能够纠正改过，这可就难了！因此希望皇上从自己内心里戒惧警惕啊！小心警惕微细的事物，辨查精密，而后才知道秉持中庸之道而要做到公允是何等之难。怀抱着安定保全臣民百姓的宏大意愿，而后才知道要想周全臣民的隐忧是何等之难。这样一来，自然会谦虚而不敢自以为是，不敢自以为是的心意，流贯于用人行政之间，然后才会真正明白，肯直言进谏不断劝勉自己的人，才是深深爱护自己的人；而一味阿谀献媚的人，其实就是愚昧自己，为自己设置陷阱的人啊。耳目的习气一旦扫除，谄谀献媚的丑态，一见之下就会涣然若散。取舍的原则一旦确定，嗜好宴安功利的言谈，就没有机缘来投合。如此之后治理国家可以达到隆盛的境地，而君主坚守正道也终将成就王道教化。否则，自以为是的根源不去拔除，虽然收敛心意小心谨慎，时间久了自然就会觉得自己没有过错，于是乎可以稍稍放松。勤勉励志，勤奋久了就会觉得自己有功劳，于是乎可以稍稍宽慰。但却不知道这个念头稍一转换，嗜好宴安功利的言谈，听来渐渐不觉得厌烦了，谄谀献媚的丑态，也熟视无睹而不觉得可憎了。日子久了，慢慢习惯于此，掉以轻心而不自知，被宴安功利之说、谄谀献媚之态命中，于是乎黑与白、东和西都能混淆错乱。这就是危机伏藏于最细微之处，而最终发展壮大到积重难返的状况啊，又怎能不小心谨慎戒惧警惕而预防这种状况的发生呢？《大学》里也提到：见到贤能而不能任用举荐，见到不贤却不能屏退远离，以至于喜好厌恶违背人心；而推求过失的源头，都是因为骄泰，因骄纵傲慢泰然自矜而自满，这就叫自是。如此看来，治乱的关键，在于君子与小人的进退；进退的关键，掌握在君主心意的敬逊与放纵；能知道是非对错，即使不刻意地努力去做到谦逊诚敬，也自然可以到达谦逊诚敬的境界。看不到过失错误，即使不期望自己放纵恣肆，也会不自觉地放纵起来。谦逊诚敬使君子汇聚而来，是成就治理的根本，放纵恣肆是小人的媒介，祸乱的阶梯。沿流溯源，简而言之，只希望皇上时时刻刻事事件件，常存不敢自是的心，而天德王道，都在这个道理之中了。”奏折报给乾隆后，乾隆赞赏地接纳了，并予以公布。

启示：

古往今来，为官者常患自是之疾，为臣者多有逢迎之习。随着党风廉政建设工作和反腐败斗争的不断深入推进，吃请、迎送、跑要之风得到了有效遏制，但一些存有私心邪念的人为了获得领导的赞许，巧妙地进行“语言贿赂”，从而达到自己的目的，而一些领导干部却沉浸在“语言贿赂”的欢乐中，飘飘欲仙。清代直臣孙嘉淦在他给乾隆的奏疏——《三习一弊疏》中，力陈官德容易缺失的“三习”和“一弊”，并开出了如何根治“三习”“一弊”的药方。这也在告诫广大领导干部要时刻保持清醒的头脑，牢固地树立起“闻过则喜”的心态，常存不敢自是之心，乐听逆耳之言，经常反躬自省，坚决封堵“语言贿赂”的通道，切实增强拒腐防变的能力。

林则徐：苟利国家生死以 岂因祸福避趋之

林则徐（1785年—1850年），字元抚，又字少穆、石麟，福建省侯官（今福建福州）人，清朝大臣。曾任翰林院庶常馆庶吉士、江南道监察御史、陕西按察使、陕西布政使、江宁布政使、河南布政使、东河河道总督、江苏巡抚、湖广总督、陕甘总督、云贵总督等职。

原文：

十八年，鸿胪寺卿[1]黄爵滋请禁鸦片烟，下中外大臣议。则徐请用重典，言："此祸不除，十年之后，不惟无可筹之饷，且无可用之兵。"宣宗深韪[2]之，命入觐，召对十九次。授钦差大臣，赴广东查办，十九年春，至。总督邓廷桢已严申禁令，捕拏[3]烟犯，洋商查顿先避回国。则徐知水师提督关天培忠勇可用，令整兵严备。檄谕英国领事义律[4]查缴烟土，驱逐趸船[5]，呈出烟土二万余箱，亲莅虎门验收，焚于海滨，四十余日始尽。请定洋商夹带鸦片罪名，依化外有犯之例，人即正法，货物入官，责具甘结。他国皆听命，独义律枝梧未从。于是阅视沿海砲台，以虎门为第一门户，横档山、武山为第二门户，大小虎山为第三门户。海道至横档分为二支，右多暗沙，左经武山前，水深，洋船由之出入。关天培创议于此设木排铁练二重，又增筑虎门之河角砲台，英国商船后至者不敢入。

——《清史稿·卷三百六十九·列传第一百五十六》

注释：

[1]鸿胪寺卿：负责少数民族及外国朝贡使臣事宜。

[2]韪：是，对。

[3]拏（ná）：同“拿”，捉拿。

[4]义律：来中国后积极从事侵略活动，第一次鸦片战争爆发后，率先在1841年1月26日派兵占领香港。

[5]趸（dǔn）船：大型驳船，亦专指驳运、贩卖鸦片的船。

译文：

道光十八年，鸿胪寺卿黄爵滋上疏请求禁止鸦片烟，道光帝让百官大臣讨论这件事情。林则徐恳请道光帝用严苛的刑法禁烟，说：“不禁止鸦片烟，十年之后，大清没有可以筹集到的军饷，也没有可以打仗的士兵了。”道光帝认为说得很对，命林则徐入宫觐见，前后召见十九次。道光帝授林则徐为钦差大臣，赴广东禁烟。道光十九年春，林则徐到了广东。总督邓廷桢已经严申禁烟令，捉拿烟犯，洋商查顿逃回了英国。林则徐了解到水师提督关天培忠诚勇敢可使用，让关天培整兵严备，以防万一。林则徐照会英国领事义律，表明大清要查禁烟土，搜查烟船，搜出烟土二万余箱，亲自到虎门验收查获的鸦片，在虎门将这些鸦片销毁，四十多天销毁完。奏请确定洋商夹带鸦片的罪名，依据国际通行的法例，人可以正法，货物没收，责令罪犯签字画押认罪。其他各国都听从这一命令，唯独义律拖沓着不服从。林则徐于是巡视沿海的炮台，以虎门为第一门户，以横档山、武山为第二门户，大小虎山为第三门户。海道至横档分为二支，右多暗沙，左经武山前，水深，外国船只从这里出入。关天培建议在这里设置两道木排铁练，并在虎门的河角增添炮台，英国商船都不敢来了。

启示：

中国历史悠久，王朝兴替，忠正之士不绝于史。林则徐从民族大义出发，果断查禁鸦片，积极备战以防不测；在千古未有之变局中，率先睁眼看世界，开“师夷长技以制夷”之发端；遭诬陷发戍边疆后，仍兴修水利、劝课农桑、整顿防务，颇有政绩。“苟利国家生死以，岂因祸福避趋之”是一种直面现实的担当精神。这种担当，需要不计荣辱祸福，不计生死得失。当民族危亡之时，骑墙观望者有之，改弦易辙者有之，自然，也有人置国家利益于前，个人命运于后，以一己之力，成千秋伟业。林则徐当为这样的民族大英雄、伟丈夫。

左宗棠：宗棠忠骨　日月同辉

左宗棠（1812年—1885年），字季高，一字朴存，号湘上农人，湖南湘阴人，清朝大臣。曾任兵部郎中、浙江巡抚、闽浙总督、陕甘总督、两江总督兼南洋大臣、军机大臣、东阁大学士等职。

原文：

四年正月，条上新疆建行省事宜，并请与俄议还伊犁、交叛人二事。诏遣全权大臣崇厚[1]使俄。俄以通商、分界、偿款三端相要。崇厚遽定约，为朝士所纠，议久不决。宗棠奏曰："自俄踞伊犁，蚕食[2]不已，新疆乃有日蹙百里之势。俄视伊犁为外府，及我索地，则索偿卢布五百万元。是俄还伊犁，于俄无损，我得伊犁，仅一荒郊。今崇厚又议畀俄陬尔果斯河及帖克斯河，是划伊犁西南之地归俄也。武事不竞之秋，有割地求和者矣。兹一矢未加，遽捐要地，此界务之不可许者也。俄商志在贸易，其政府即广设领事，欲藉通商深入腹地，此商务之不可许者也。臣维俄人包藏祸心，妄忖吾国或厌用兵，遂以全权之使臣牵制疆臣。为今之计，当先之以议论，委婉而用机，次决之以战阵，坚忍而求胜。臣虽衰慵无似，敢不勉旃[3]。”上壮其言，嘉许之。崇厚得罪去，命曾纪泽[4]使俄，更前约。于是宗棠乃自请出屯哈密，规复伊犁。……

六年四月，宗棠舆榇[5]发肃州，五月，抵哈密。……明年正月，和议成，交还伊犁，防海军皆罢。

——《清史稿·卷四百十二·列传一百九十九》

注释：

[1]崇厚：完颜崇厚，内务府镶黄旗人。

[2]蚕食：亦作“蚕蚀”，蚕食桑叶，喻逐渐侵占。

[3]勉旃（zhān）：努力，多于劝勉时用之。

[4]曾纪泽：曾国藩次子，曾担任清政府驻英、法、俄国大使，也是当时秉承“经世致用”新思维的知识分子。

[5]舆榇（chèn）：载棺以随，表示决死或有罪当死。

译文：

光绪四年正月，左宗棠列条陈述上奏建立新疆行省的事情，并请求与俄国进行谈判，归还伊犁和交换俘虏的事情。光绪下诏派遣崇厚作为使者出使俄国，并全权负责这件事情。俄国用通商、划分国界和索要赔款这三件事情相要挟。崇厚于是签订了条约，被朝廷的大臣们弹劾，讨论了好久都没有决定下来。左宗棠上奏说："自从俄国盘踞在伊犁，不断侵占我国国土，新疆于是出现了每天被侵占百里的情形。俄国把伊犁作为它的外府，等我们向他们要回被侵占的国土时，他们就要求赔偿五百万卢布。于是俄国归还伊犁，对俄国来说没有什么损失，我们得到伊犁后，也只是多了一片荒地而已。现在崇厚又商议给俄国陬尔果斯河和帖克斯河，这就是把伊犁西南的土地划给俄国。在军事上打不过他们，才有了割地求和的事。现在一箭未发，就要把战略要地割让给俄国，这是处理边界事务中不能有的。俄国商人的目的在于进行贸易，他们的政府就在各地广设领事馆，想要借着商人通商的便利，进入我国的腹地，这是办理商务事宜中所不能有的。我认为俄国人心藏祸心，妄自揣测我国可能厌恶打仗，于是才派全权大使来牵制新疆的官员。现在的办法就是，应当先和他们进行谈判，妥善运用计谋，再准备和他们进行战争，以坚韧之心去谋求胜利。我虽然衰老慵懒，怎敢不勉力效忠朝廷呢。"光绪赞同左宗棠的观点，表扬了他。崇厚获罪离职，改派曾纪泽出使俄国，改变前面的合约。于是左宗棠亲自出兵屯守哈密，谋划收回伊犁。……

光绪六年四月，左宗棠抬着棺材发兵肃州，五月份，到达哈密。……光绪七年正月，和俄国议和成功，俄国交还伊犁，海上的军舰也撤走了。

启示：

左宗棠一生对中华民族最大的贡献就是收复新疆。在晚清名臣皆是“内战内行，外战外行”的情况下，他率军抵抗外敌，收复新疆，为我们保住了160多万平方公里的国土；其抵御外侮、尽忠报国，披肝沥胆、舍我其谁的英雄气概，永远激励着后人。因此，梁启超评价左宗棠为“五百年来第一伟人”。

天下兴亡，匹夫有责。危急关头，执政者要有“载棺以随”的胆识和魄力，敢于第一个站出来，率先垂范，多尽一份力，多担一份责。要时时处处把国家和民族的利益放在首位，为党分忧、为国尽职、为民奉献。古人云：“殷忧启圣，多难兴邦。”沧海横流，方显英雄本色；艰难困苦，砥砺精神品格。

奸佞篇

BAIGUAN JIANCHA
JIANNING PIAN

BAIGUAN
JIANCHA

奸臣是什么样？王安石在《知人》中说："贪人廉，淫人洁，佞人直。"意思是说，越是贪婪的人越伪装清廉，越是荒淫的人越伪装纯洁，越是奸诈的人越伪装正直。古往今来，奸佞之臣的所作所为可以用五个字概括，即奸、贪、霸、假、私。"奸"，无德无品、大奸似忠；"贪"，贪得无厌、贪赃枉法；"霸"，无法无天、专横霸道；"假"，口是心非、"两面人"；"私"，结党营私、搞山头。

历史上出大奸臣的时期大致有三类情况：一是政权交替之时，赵高、董卓、秦桧，这些奸臣都令时局出现大转折，国家动荡，民不聊生；二是当政者昏庸无道，奸佞趁机肆毒，比如魏忠贤时代，"只知有忠贤，而不知有皇上"；三是外敌入侵、国家动乱时期，皇帝太重感情，认亲不认才，认情不识奸，梁冀便是典型代表，被皇上称作"跋扈将军"。

奸佞之臣大多没有以报效国家为己任的品德，他们中大多数人都是奉行当官享乐主义之人。这些人往往都能揣测到封建帝王的心思，然后取得皇帝的宠信，从而拥有极大的权力。大权在握后，他们开始搜刮民脂民膏，过着锦衣玉食、奢侈荒淫的生活，全然不顾百姓的死活。奸臣当道，轻则祸国殃民、社会大乱；重则颠覆社稷、生灵涂炭。

然而，奸臣自古难有好下场，最终也难逃历史的审判。子婴即位五天便设计诛杀赵高于斋宫，夷三族；董卓为人残忍嗜杀，倒行逆施，最后为司徒王允设计，被其亲信吕布所杀；早就对杨国忠不满的禁军首领陈玄礼乱刀将其砍死，正应了那句"玩火者自焚"的古谚；

87岁的严嵩贫病交加，在举国一片唾骂声中死去，他死的时候，寄食于墓舍，既无棺木下葬，更没有前去吊唁的人……

综观历史上的大奸臣和当下许多腐败分子违法犯罪的轨迹，理想信念的动摇与缺失、思想观念的异化与变质，往往是堕落的起点。思想上松一寸，行动上就会散一尺。精神上“缺钙”，“总开关”拧不紧，就不能正确处理公私关系。缺乏正确的是非观、义利观、权力观、事业观，就会政治上变质、经济上贪婪、道德上堕落、生活上腐化，必然走向反面。

费无忌：谗佞害人　终将害己

费无忌（生卒年不详），春秋时期楚国大臣。曾任太子少师等职。

原文：

荆平王有臣曰费无忌，害太子建，欲去之。王为建取妻于秦而美，无忌劝王夺。王已夺之，而疏太子。无忌说王曰："晋之霸也，近于诸夏；而荆僻也，故不能与争。不若大城城父[1]而置太子焉，以求北方，王收南方，是得天下也。"王说[2]，使太子居于城父。居一年，乃恶之曰："建与连尹[3]将以方城[4]外反。"王曰："已为我子矣，又尚奚求？"对曰："以妻事怨，且自以为犹宋也。齐晋又辅之。将以害荆，其事已集矣。"王信之，使执连尹，太子建出奔。

左尹[5]郄宛，国人说之。无忌又欲杀之，谓令尹子常曰："郄宛欲饮令尹[6]酒。”又谓郄宛曰：“令尹欲饮酒于子之家。”郄宛曰：“我贱人也，不足以辱令尹。令尹必来辱，我且何以给待之？”无忌曰：“令尹好甲兵，子出而寘之门，令尹至，必观之已，因以为酬。”及飨日，惟门左右而置甲兵焉。无忌因谓令尹曰：“吾几祸令尹。郄宛将杀令尹，甲在们矣。”令尹使人视之，信。遂攻郄宛，杀之。国人大怨。动作者莫不非令尹。沈尹戍谓令尹曰：“夫无忌，荆之谗人也。亡夫太子建，杀连尹奢，屏王之耳目。今令尹又用之杀众不辜，以兴大谤，患几及令尹。”令尹子常曰：“是吾罪也，敢不良图？”乃杀费无忌，尽灭其族，以说其国。动而不论其义，知害人而不知人害己也，以灭其族，费无忌之谓乎！

——《吕氏春秋·卷二十二·慎行》

注释：

[1]城父：楚北境之邑。

[2]说：通“悦”，愉悦、高兴。

[3]连尹：楚国官名，这里指伍奢，子胥之父。

[4]方城：楚之险阻要塞。

[5]左尹：楚国官名。

[6]令尹：楚国官名，是掌管军政大权的最高官职。

译文：

楚平王有个臣子，叫费无忌，害怕太子建，想要除掉他。楚平王从秦国为太子建娶了个妻子，她长得很漂亮，于是费无忌鼓动楚平王把这个女子占为已有。楚平王已经强占了这个女子，故而疏远了太子。费无忌又对楚平王说："晋国称霸，是因为它靠近中原各国，可楚国地域偏远，因此不能同晋国争霸。不如扩建楚国北部的城父，使它成为大的城邑，把太子安置在那个地方，以谋求北方各国的尊奉，您自己收取南方的各个国家，这样就可以得到天下了。"楚平王很是高兴，让太子在城父居住。一年后，费无忌再一次诋毁太子建，说："太子建和连尹伍奢将在方城要塞谋反。"楚平王说："他已经是我的太子了，还想要求什么呢？"费无忌回答："他是因为娶妻的事情怨恨您，而且太子把城父看作是像宋国那样独立的小国。齐国与晋国又辅助他。他将要借机危害楚国，事情已准备妥当了。"楚平王对费无忌的话深信不疑，就派人抓了连尹伍奢，太子建逃跑到国外。

左尹郄宛，国人很爱戴他。费无忌又想要杀他，于是对令尹子常说："郄宛想请您喝酒。"又告诉郄宛说："令尹想要到你家喝酒。"郄宛说："我是个身份很低的人，不值得让令尹屈尊。假如令尹一定要来，我该拿什么服侍招待他呢？"费无忌说："令尹喜欢些铠甲兵器，你把这些东西拿出来放在门口，令尹来了，一定会好好观赏它们，你就借机把这些东西进献给他，作为礼物。"等到请客的这天，郄宛在门口的帷幕两边放置了很多铠甲兵器。费无忌又对令尹说："我差一点把您害了。郄宛想杀了您，已经把兵器藏在了门口。"令尹派人去看，果然如此。于是，派兵进攻郄宛，将他杀死。百姓非常痛恨令尹，连送祭肉的人都没有不指责他的。沈尹戌告诉令尹："费无忌，楚国的谗谀小人，他让太子建出逃身亡，杀害了连尹伍奢，掩蔽楚国君王的视听。现在，您又因为他的谗言而杀害无辜的人，从而招来严厉的指责，祸患很快就会到您身上。"令尹子常说："这是我的错，哪里敢不好好想办法去对付呢？"于是杀了费无忌，并诛灭了他全族，以此使百姓愉悦。行动但不考虑它的道义，只知陷害别人，却不知别人也会危害到自己，以致被灭全族，说的大概就是费无忌这样的人吧！

启示：

古语有言："君子计行虑义，小人计行其利，乃不利。"君子谋划行动时考虑道义，小人谋划行动时期待赢利，结果反而不好。个人私欲高于一切，这是奸佞之臣的价值认同。费无忌只顾私利，肆无忌惮，置他人、国家利益于不顾，谄言媚上、铲除异己，终落得身败族灭的可悲下场，是为明证。古往今来，多少君主因为听信谗言而身死国亡，又有多少大臣因为一己私利而不得善终！为官行事，若只是一味"计行其利"，不免一叶障目、混淆视听。为官者要时时处处以费无忌的故事和"计行其利，乃不利"的古训警醒自己，从讲究道德信义的角度出发来做事做人，而不是满脑子只想着个人利益，如是才能找到立身处世的正确方向。

后胜：贪财卖国　国人共愤

后胜（生卒年不详），战国时期齐国大臣，曾任齐国丞相等职。

原文：

四十四年，秦兵击齐。齐王听相后胜计，不战，以兵降秦。秦虏王建，迁之共。遂灭齐为郡。天下壹并[1]于秦，秦王政立号为皇帝。始，君王后[2]贤，事秦谨，与诸侯信，齐亦东边海上，秦日夜攻三晋、燕、楚，五国各自救于秦，以故王建立四十余年不受兵。君王后死，后胜相齐，多受秦间[3]金，多使宾客入秦，秦又多予金，客皆为反间[4]，劝王去从朝秦，不修攻战之备，不助五国攻秦，秦以故得灭五国。五国已亡，秦兵卒入临淄，民莫敢格[5]者。王建遂降，迁于共。故齐人怨王建不蚤与诸侯合从攻秦，听奸臣宾客以亡其国，歌之曰：

"松耶柏耶？住建共者客耶？"疾[6]建用客之不详[7]也。

——《史记·卷四十六·田敬仲完世家第十六》

注释：

[1]壹并：统一。壹，全；并，合、兼并。

[2]君王后：太史敫（jiǎo）之女，齐襄王的王后，齐王建的生母。

[3]间：间谍。

[4]反间：在敌方内部进行离间、分化活动。

[5]格：抗拒。

[6]疾：憎恨。

[7]详：审察。

译文：

齐王建在位的第四十四年，秦国攻打齐国。齐王听从了丞相后胜的计谋，不与秦交战，就带兵投降了。秦国把齐王建俘虏了，迁到共城。于是，将齐国灭亡改为一个郡。秦国统一天下，秦王嬴政建立政权，号为皇帝。最初，君王后很有贤德，侍奉秦国谨慎，与诸侯来往讲信用，齐国又地处东部海滨，秦军日日夜夜地攻打三晋、燕、楚，这五个国家对秦国的进攻采取自救，因此，齐王建在位的四十多年间，齐国并没有遭受战祸。君王后去世，后胜当了齐国的宰相，他收受了秦国间谍给的很多金钱，派大量的宾客到秦国，秦国又给这些人许多钱，宾客们都进行反间活动，来劝说齐王不要合纵，归顺秦国，从此，齐国既不修战事，也不帮助其他五国攻打秦国，秦国才能这么快地消灭了五国。五国灭亡之后，秦军最终攻入临淄，百姓没有敢反抗的。于是，齐王建投降，被迁往共城。所以，齐国百姓抱怨齐王建没有早与诸侯联合去攻打秦国，而听信了奸臣及宾客的谗言以致亡国。人们编了首歌，唱道："是松树，还是柏树呢？让齐王建住到共城去的不是宾客吗？"痛恨齐王建用人不注意审察。

启示：

两千多年前的齐国，位处华夏之"东方"，曾一度被称为"东帝"。在当时的历史条件下，齐国政治经济文化在列国中均占优势，足以与秦分庭抗礼。令人扼腕的是，齐国虽有条件统一全国，但终为秦所灭。个中原因恰如苏轼在《六国论》中所言："六国破灭，弊在赂秦"，"赂秦而力亏，破灭之道也"。历史上因私生贪，因贪致叛，因叛亡国的事例并不少见。以史为鉴，居安思危。党员领导干部手中握权，权系万民；肩上担责，责攸社稷。为此，一定要时刻谨记，贪赂是国家的"肿瘤"，只有把这"肿瘤"彻底切除干净，才能兴党兴国，不重蹈强齐因赂破灭的覆辙。

赵高：指鹿为马　挟君自重

赵高（？—公元前207年），嬴姓，赵氏。秦朝宦官，曾任中车府令、郎中令、丞相等职。

原文：

赵高欲为乱，恐群臣不听，乃先设验[1]，持鹿献于二世[2]，曰："马也。"二世笑曰："丞相误邪？谓鹿为马。"问左右[3]，左右或默，或言马以阿顺[4]赵高。或言鹿者，高因[5]阴中诸言鹿者以法。后群臣皆畏高。

——《史记·卷五·秦本纪第五》

注释：

[1]设验：设法试探。

[2]二世：秦二世皇帝胡亥。

[3]左右：身边的人。

[4]阿顺：阿谀奉承。

[5]因：于是，就。

译文：

赵高想要篡夺秦朝的政权，又怕各位大臣不听他的，于是设下圈套，设法试探，他牵来一只鹿要献给秦二世，说："这是马。"二世笑笑，说："丞相搞错了吧？您把鹿说成了马。"又问身边的大臣，大臣们有的保持沉默，有的为迎合赵高就说是马。说是鹿的人，赵高就暗中借法律陷害他们。从此，大臣们都害怕赵高。

启示：

赵高谋私篡权，颠倒黑白、混淆是非，借此拉拢同党、翦除异己，其用权无畏、无忌、无德。无畏则胆大妄为，无忌则无所不为，无德则善恶不分。若是身处江湖，此种品相之人必为流氓贼寇；若处庙堂之上，此必为叛臣逆子，最终必人神共愤、天下共诛之。恰如古人所言："畏则不敢肆而德以成，无畏则从其所欲而及于祸。"所以，为官执政者一定要常怀敬畏之心，常思自律之念，常想良善之德，珍惜名誉，修身立德，造福社会。

梁冀：跋扈自恣　贪叨凶淫

梁冀（？—159年），字伯卓，安定乌氏（今甘肃泾川）人，东汉大臣。曾任黄门侍郎、虎贲中郎将、执金吾、河南尹、大将军等职。

原文：

冀字伯卓。为人鸢肩[1]豺目，洞精矘眄[2]，口吟舌言[3]，裁能书计[4]。少为贵戚，逸游[5]自恣。性嗜酒，能挽满[6]、弹棋、格五、六博、蹴鞠、意钱之戏，又好臂鹰[7]走狗，骋马斗鸡。初为黄门侍郎，转侍中，虎贲中郎将，越骑、步兵校尉，执金吾。

永和元年，拜河南尹。冀居职暴恣，多非法，父商所亲客洛阳令吕放，颇与商言及冀之短，商以让冀，冀即遣人于道刺杀放。而恐商知之，乃推疑于放之怨仇，请以放弟禹为洛阳令，使捕之，尽灭其宗亲、宾客百余人。

商薨未及葬，顺帝乃拜冀为大将军，弟侍中不疑为河南尹。

及帝崩，冲帝始在襁褓，太后临朝，诏冀与太傅赵峻、太尉李固参录尚书事。冀虽辞不肯当，而侈暴滋甚。

冲帝又崩，冀立质帝。帝少而聪慧，知冀骄横，尝朝群臣，目冀曰："此跋扈将军也。"冀闻，深恶之，遂令左右进鸩加煮饼，帝即日崩。

冀用寿言，多斥夺诸梁在位者，外以谦让，而实崇孙氏宗亲。冒名而为侍中、卿、校尉、郡守、长吏者十余人，皆贪叨凶淫，各遣私客籍属县富人，被以它罪，闭狱掠拷，使出钱自赎，赀物少者至于死徙。扶风人士孙奋居富而性吝，冀因以马乘遗之，从贷钱五千万，奋以三千万与之，冀大怒，乃告郡县，认奋母为其守臧婢，云盗白珠十斛、紫金千斤以叛，遂收考奋兄弟，死于狱中，悉没赀财亿七千余万。

其四方调发，岁时贡献，皆先输上第于冀，乘舆乃其次焉。吏人赍货求官请罪者，道路相望。冀又遣客出塞，交通外国，广求异物。因行道路，发取伎女御者，而使人复乘埶横暴，妻略妇女，殴击吏卒，所在怨毒。

——《后汉书·卷三十四·梁统列传第二十四》

注释：

[1]鸢（yuān）肩：谓两肩上耸，像鸱鸟栖止时的样子。

[2]矘（tǎng）眄（miǎn）：眼神直视的样子。

[3]口吟：口紧闭。舌言：说话含糊不清。

[4]书计：写字算数。

[5]逸游：放纵游乐。

[6]挽满：拉满强弓。

[7]臂鹰：架鹰于臂。古时多指外出狩猎或嬉戏。走狗：谓纵狗行猎。

译文：

梁冀，字伯卓。他这个人两肩上耸，像鸱鸟栖息时的样子，眼睛就像豺那样竖立，通视，眼神总是直视，嘴巴紧闭，说话含糊不清，勉强可以写字算数。从小就作为显贵的皇戚，放纵游乐。他喜欢喝酒，会拉满强弓、弹棋、格五、六博、蹴鞠、猜钱等各种游戏，还喜欢领着鹰犬去打猎，骑马、斗鸡。梁冀先是做了黄门侍郎，后来又升为侍中，任虎贲中郎将，越骑、步兵校尉，执金吾。

永和元年，梁冀做了河南尹。他在任期间残暴放肆，做出很多违法之事，他父亲梁商的亲信洛阳县县令吕放，稍微和梁商讲了一些梁冀的缺点，因此，梁商责备梁冀，梁冀便派人在路上杀了吕放。但又担心他父亲知道，于是就嫁祸给了吕放的仇家，并请求让吕放的弟弟吕禹担任洛阳县令，捉拿吕放的仇家，杀了他的全部宗亲和一百多个宾客。

梁商去世了，还没有下葬时，汉顺帝任命梁冀为大将军，他的弟弟梁不疑侍中为河南尹。

到汉顺帝去世时，汉冲帝尚在襁褓之中，太后把持朝政，下诏任命梁冀和太傅赵峻、太尉李固为总领尚书事务。梁冀虽然辞让，没有接受任命，但是更奢侈残暴了。

汉冲帝又死了，梁冀便拥立了汉质帝。质帝虽年幼但很聪慧，他知道梁冀盛气凌人，一次在群臣朝会时，就盯着梁冀说："这是个专横跋扈的将军。"梁冀听到，非常痛恨他，命令侍从在质帝的煮饼里加了毒药，质帝吃了，当天就死了。

梁冀听了孙寿的话，剥夺了很多梁家人的职权，对外让人觉得很谦让，实际抬高了孙家宗亲的地位。他们之中假借他人名义担任侍中、卿、校尉、郡守、长吏等官职的就有十几个人，全都非常贪婪、残忍、凶暴、荒淫，各派自己的宾客登记各属县富人的名单，给这些人加上其他罪名，把他们抓进监狱严刑拷打，让他们出钱自己赎自己，给钱少的人甚至会被处死或流放。扶风人孙奋虽然富有但很吝啬，梁冀赠送给他马车，向他借五千万，孙奋只借了三千万给他，梁冀大怒，于是向郡县告状，指认说孙奋的母亲是过去他的守库奴婢，偷了十斛白珠、一千斤紫金，还反叛主人，于是把孙奋两兄弟抓来拷打，打死在狱中，没收了他们全部财物，达一亿七千多万。

四方调发的物品，每年进贡的东西，都要把最上等的挑出来先送给梁冀，皇帝得到次一等的。那些来送礼求官或请求开释的官吏，挤满道路，络绎不绝。梁冀又派人出塞，和外国交通往来，广泛搜集奇珍异宝。在出行的途中，还顺便选取歌妓侍奉，手下的人又仗势横行，奸污强暴妇女，殴打官吏士兵，所到之处，人们都对其恨之入骨。

启示：

梁冀是东汉时期外戚出身的权臣。他从小就是显贵的国戚，又因拥立了汉桓帝，故而成为凌驾于皇帝之上的残暴权臣，一生杀人无数，骄横气盛到了极点，没有人敢违抗他的命令。最后，就连一再迁就他的汉桓帝也忍无可忍，利用宦官的势力铲除了这股恶势力。“举头三尺有纲纪”，没有规矩意识，天马行空，随心所欲——殊不知，这样的“任性”早晚是要栽跟头的！

“天下从事者，不可以无法仪；无法仪而其事能成者，无有也。”对于领导干部来说，规矩意识不仅是一种政治觉悟，更是一种现代治理素养。处处不讲规矩，治理往往就会失序。事事不守规则，法治就是镜花水月。如果对约束自己的规矩都去突破，那么面对规范制度，就会因觉得“束手束脚”而出格变通。如果只想当“手电筒”，用规矩“照”别人不“照”自己，最终就会凌驾于规矩之上。这样的干部终将被群众唾弃、被时代抛弃。

董卓：谋位废帝　祸乱朝纲

董卓（？—192年），字仲颖，陇西临洮（今甘肃岷县）人，东汉大臣。曾任羽林郎、前将军、司空、太师等职。

原文：

性粗猛有谋，少尝[1]游羌中，尽与豪帅相结。后归耕于野，诸豪帅有来从之者，卓为杀耕牛，与共宴乐，豪帅感其意，归相敛得杂畜千余头以遗[2]之，由是以健侠知名。

及帝崩，大将军何进、司隶校尉袁绍谋诛阉宦，而太后不许，乃私[3]呼卓将兵入朝，以胁太后。

初，卓之入也，步骑不过三千，自嫌兵少，恐不为远近所服，率四五日辄夜潜出军近营，明旦乃大陈[4]旌鼓而还，以为西兵复至，洛中无知者。寻而何进及弟苗先所领部曲皆归于卓，卓又使吕布杀执金吾丁原而并其众，卓兵士大盛。乃讽朝廷策免司空刘弘而自代之。因集议废立。百僚大会，卓乃奋首而言曰："大者天地，其次君臣，所以为政。皇帝暗弱，不可以奉[5]宗庙，为天下主。今欲依伊尹、霍光故事，更立陈留王，何如？"公卿以下莫敢对。卓又抗言曰："昔霍光定策，延年案剑。有敢沮大议，皆以军法从之。"坐者震动。尚书卢植独曰："昔太甲既立不明，昌邑罪过千余，故有废立之事。今上富于春秋，行无失德，非前事之比也。"卓大怒，罢坐。明日复集群僚于崇德前殿，遂胁太后，策废少帝。曰："皇帝在丧，无人子之心，威仪不类人君，今废为弘农王。"乃立陈留王，是为献帝。

——《后汉书·卷七十二·董卓列传第六十二》

注释：

[1]尝：曾经。

[2]遗（wèi）：赠送。

[3]私：私下，暗地里。

[4]陈：布设，陈设，铺展。

[5]奉：祭奉，奉祀。

译文：

董卓生性粗犷，但很有谋略。年轻的时候，他曾游历羌人的聚居地，广交各部族首领。之后回到家乡耕田，各部族的首领中有和他来往的，董卓就宰杀耕牛，与他们一起摆宴共享音乐，首领们被他的热情感动，回去后都收罗千余头牲畜来送给他，董卓因此以豪迈侠义而闻名。

等到汉灵帝驾崩，大将军何进和司隶校尉袁绍就开始谋划诛杀宦官，但太后不允许，于是，他们就暗地里叫董卓带兵入朝，来胁迫太后。

一开始，董卓进入洛阳的时候，步兵加骑兵还不到三千人，自己觉得兵力单薄，担心不能让大家折服，于是，每隔四五天，他就让士兵趁着天黑，偷偷溜到城外扎营，第二天一早又大张旗鼓返回，让人以为是西边有董卓的部队又来了，洛阳的百姓没人知道这件事。不久，何进和他的弟弟何苗原先率领的部队都归附了董卓，董卓又派吕布杀死了执金吾丁原，吞并他的部队，至此，董卓的军队已变得很强盛。于是，董卓暗示朝廷免了司空刘弘，让自己取代他的位置。还顺势召集百官商议废立事宜。百官坐在一起，董卓于是昂首挺胸，说道："天地最大，其次是君臣，按照这一次序才能把国家治理好。但是，皇帝昏庸软弱，不能供奉宗庙，成为天下的君王。现在，想要依照伊尹、霍光过去的做法，改立陈留王做天子，大家觉得如何？"公卿以下的官员没有敢应答的。董卓又高声说："过去，霍光定下一个计策，延年手持刀剑辅佐他。有敢阻挠大计的人，都按军法处置。"在座官员人听了都震惊害怕。只有尚书卢植一人说道："过去，太甲虽被立为天子但不贤明，昌邑王犯下罪过有千余条，因此才出现了废立的事情。现在，皇上还小，行为又没有失德的地方，不能比照过去的做法。”董卓愤怒离席。第二天，他又召集百官集会，在崇德前殿胁迫了太后，下策书废了少帝。董卓说：“皇上在服丧期间，没有孝子之心，也没有君王的威仪，现在，把他废为弘农王。”于是，策立陈留王为汉献帝。

启示：

董卓废皇帝、杀太后，目无纲常法纪，肆意践踏法律，残忍戕害百姓。他的种种倒行逆施，造成了东汉末年政权的极度混乱，给国家和社会的稳定带来了巨大的破坏，实为一代贼臣。

奸佞之人，其行为常常慷慨热情，豪侠阔绰，如董卓初出江湖；奸佞之人禀赋亦狡黠多智，常常能蒙蔽大众。但奸佞之人，最终必是中山狼，得志便猖狂。其最初的豪迈侠义便成为暴烈残忍，智慧灵光就成了对自我[illegible]巧言令色的虚饰。“公者千古，私者一时”。执政为官者理应一[illegible]夙夜在公，方能创千古之大业。

侯景：阴狠毒辣　谋权篡位

侯景（503年—552年），字万景，怀朔镇（今内蒙古固阳）人，北魏大臣。曾任怀朔镇兵、功曹史、外兵史等职。

原文：

侯景素轻世子，尝[1]谓司马子如曰："王在，吾不敢有异，王无，吾不能与鲜卑小儿共事。"子如掩其口。至是，世子为神武书召景。景先与神武约：得书，书背微点，乃来。书至，无点，景不至。又闻神武疾，遂拥兵自固。神武谓世子曰："我虽疾，尔面更有余忧色，何也？"世子未对。又问曰："岂非忧侯景叛耶？"曰："然。"神武曰："景专制河南十四年矣，常有飞扬跋扈志，顾[2]我能养，岂为[3]汝驾御也！今四方未定，勿遽[4]发哀。少堪敌侯景者唯有慕容绍宗，我故不贵之，留以与汝，宜深加殊礼，委以经略。”

十一月，景立萧正德为帝，即伪位，居于仪贤堂，改年曰正平。景自为相国、天柱将军，正德以女妻之。景又攻东府城，设百尺楼车，鈎城堞尽落。城陷，景使其仪同卢晖略率数千人持长刀夹城门，悉驱城内文武裸身而出，使交兵杀之，死者三千余人。

景食石头常平仓既尽，便掠居人，尔后米一升七八万钱，人相食，有食其子者。又筑土山，不限贵贱，昼夜不息，乱加驱棰，疲羸者因[5]杀以填山，号哭之声动天地。百姓不敢藏隐，并出从之，旬日间众至数万。

景乃废简文，幽于永福省，迎豫章王栋即皇帝位，升太极前殿，大赦，改元为天正元年。初，景既平建邺，便有篡夺志，以四方须定，故未自立。既而巴陵失律，江、郢丧师，猛将外歼，雄心内沮，便欲速僭大号。又王伟云：“自古移鼎必须废立。”故景从之。其太尉郭元建闻之，自秦郡驰还谏曰：“主上仁明，何得废之？”景曰：“王伟劝吾。”元建固陈不可，景意遂回，欲复帝位，以栋为太孙。王伟固执不可，乃禅位于栋。景以哀太子妃赐郭元建，元建曰：“岂有皇太子妃而降为人妾。”竟不与相见。

——《南史·卷八十·列传第七十》

注释：

[1]尝：曾经。

[2]顾：副词，不过，只是。

[3]为：被。

[4]遽（jù）：急速，匆忙。

[5]因：就。

译文：

侯景一向小看太子，曾对司马子如说：“王在，我不敢有非分之举；王无，我不能与鲜卑小孩共事。”子如赶紧捂住了他的口。此时，太子代神武修书征召侯景。侯景先前与神武有约，得信函，若信函背面有小黑点，才来看望。信函到了，无约定的记号，侯景没有来，又听说神武病重，便拥兵自守。神武对太子说：“我虽然病重，可是你的脸上却有更多的忧虑之色，为什么？”太子没有回答。神武又问：“难道不是担忧侯景反叛？”答：“是的。”神武说：“侯景专制河南十四年，常怀飞扬跋扈之志，只有我能调养，他岂能让你驾驭！如今天下未定，千万不要匆匆发布我死的消息。稍微能与侯景抗衡的只有慕容绍宗，因此我不让他富贵，留下给你，你必须殊礼相待，委以重任。”

十一月，侯景立萧正德为皇帝，登上伪皇位，住进仪贤堂，改年号叫正平。侯景自封为相国、天柱将军，正德把女儿嫁给他。侯景又进攻东府城，造百尺高的楼车，从上边把城垛全都钩塌。城被攻陷后，侯景派他的仪同卢晖略率领数千人拿着长刀夹城门而立，把城里文武官员光着身子赶出来，用刀夹击砍杀，砍死了三千多人。

侯景把石头城内常平仓的粮食吃完后，便开始抢劫居民，后来一升米卖到七八万钱，出现了人吃人，也有吃自己孩子的。又堆造土山，不论贵贱，都得去昼夜不停地干活儿，还要遭乱棍殴打，体弱的就被杀了填山，号哭的声音惊天动地。百姓们不敢躲藏，都出来听他指派，十来天时间凑集了几万人。

侯景废黜简文帝，把他关押在永福省，迎接豫章王萧栋即皇帝位，登太极前殿，大赦天下，改元为天正元年。当初，侯景平定建邺后，就有心篡位，因为四方还须平定，所以没有自立为帝。后来在巴陵、江州、郢州屡次战败，猛将被歼，雄心便逐渐丧失，想赶快称帝。又因为王伟说："自古改朝换代必须先经过废旧立新。"所以侯景听从他的话废了简文帝。他的太尉郭元建听说，从秦郡赶回来进谏说："君主仁慈贤明，怎么能废他呢？"侯景说："王伟劝我这样干。"元建极力陈述不能这样，侯景开始回心转意，想恢复简文帝位，让萧栋作皇太孙。王伟一再坚持说不行，才让萧栋继位。侯景把皇太子萧大器的妃子赏给郭元建，元建说："哪里有皇太子妃降级给人作妾的。"最终也不肯与她相见。

启示：

公元548年爆发的"侯景之乱"是中国长江流域遭受的第一次毁灭性破坏。经过侯景的一路烧杀破坏，建康这个南北各四十里，拥有28万人口的繁华都市变成了一片废墟，号称"最富庶"的长江中下游地区成了一幅"千里绝烟，人迹罕见，白骨成聚如丘垅焉"的残破景象。梁武帝萧衍也被侯景囚禁，饿死于台城。"侯景之乱"使社会生产遭到了严重破坏，给南朝社会留下了无穷的祸患和灾难。

“天下之治，众君子成之而不足，一小人败之而有余。”毛主席就对梁武帝有评价：“萧衍善摄生，食不过量，中年以后不近女人。然予智自离，小人日进，良佐自远，以致灭亡，不亦宜乎。”君子不愿与小人同在一个阵营，一旦小人得势，君子自然就要退隐离去，此时，尽管心怀社稷，胸存江山，但君子看不惯小人的嘴脸，耻于与其为伍，便会作罢。古语云：“君子之德风，小人之德草，草上之风，必偃”。因此，只有广大党员干部从严律己，常修“君子之德”，弘扬正气，压制歪风，形成影响他人的感召力、示范力和带动力，才能增强党的创造力、凝聚力、战斗力，为社会主义现代化建设添砖加瓦。

杨素：为人狡黠而邪　为臣不忠成奸

杨素（544年—606年），字处道，弘农华阴（今陕西华阴）人，隋朝大臣。曾任御史大夫、内史令、司徒等职。

原文：

时素贵宠[1]日隆，其弟约、从父文思、弟文纪，及族父异，并尚书列卿。诸子无汗马之劳，位至柱国、刺史。家僮数千，后庭妓妾曳绮罗者以千数。第宅华侈，制拟宫禁[2]。有鲍亨者，善属文，殷胄者，工草隶，并江南士人，因高智慧没为家奴。亲戚故吏，布列[3]清显，素之贵盛，近古未闻。炀帝初为太子，忌蜀王秀，与素谋之，构成其罪，后竟废黜。朝臣有违忤者，虽至诚体国，如贺若弼、史万岁、李纲、柳彧等，素皆阴中之。若有附会及亲戚，虽无才用，必加进擢。朝廷靡然，莫不畏附。唯兵部尚书柳述，以帝婿之重，数于上前面折素。大理卿梁毗，抗表上言素作威作福。上渐疏忌之，后因出敕曰：“仆射国之宰辅，不可躬亲细务，但三五日一度向省，评论大事。”外示优崇，实夺之权也。

及上不豫[4]，素与兵部尚书柳述、黄门侍郎元岩等入閤侍疾。时皇太子入居大宝殿，虑上有不讳，须豫防拟，乃手自为书，封出问素。素录出事状以报太子。宫人误送上所，上览而大恚[5]。所宠陈贵人又言太子无礼。上遂发怒，欲召庶人勇。太子谋之于素，素矫诏追东宫兵士帖上台宿卫，门禁出入，并取宇文述、郭衍节度，又令张衡侍疾。上以此日崩，由是颇有异论。

——《隋书·卷四十八·列传第十三》

注释：

[1]贵宠：居于显贵的地位且受到君王的宠幸。

[2]宫禁：帝王和王后居住的地方。

[3]布列：布置排列。

[4]不豫：身体不舒服，引申为有病。

[5]恚（huì）：恨，怒。

译文：

这时杨素的地位日渐显贵荣耀，他的弟弟杨约、叔叔杨文思、杨文纪，以及族父杨异，都身居公卿之位。杨素的子侄没有立过汗马功劳，却也官至柱国、刺史。杨素家有数千家僮，后院披罗挂绮的乐妓小妾也以千计。杨素的宅邸华丽奢侈，规制模式可以和皇宫比拟。有一个叫鲍亨的人，擅长写文章；还有个人叫殷胄，长于草书、隶书，都是江南的读书人，却因为自身才气过高而沦为杨素的家奴。杨素的内外亲属和昔日的下属，也都身居显要的职位，杨素的显贵，当时的人从来没有见过。炀帝刚当太子时，嫉妒蜀王杨秀，于是和杨素谋划，罗织罪名陷害杨秀，最后使得杨秀被废黜。群臣里面有违背冒犯杨素的官员，这些官员即便是忠君体国的，像贺若弼、史万岁、李纲、柳彧等，杨素都暗中设法构害他们。如果有逢迎他或者他亲属的，虽然没有才学，也会提拔使用他们。朝廷内外的官员多数倒向他，没有不归附他的。只有兵部尚书柳述，凭借着驸马的身份，多次在隋文帝面前检举杨素的过失。大理卿梁毗，向隋文帝上书说杨素一贯作威作福。隋文帝渐渐疏远、猜忌杨素，后来下诏说："仆射是朝廷的辅政大臣，不可亲自处理具体的事务，只须三五天到官署一次，讨论一些国家大事就行了。"表面上看对杨素更加尊崇，实际上却剥夺了他的实权。

等到隋文帝病重，杨素与兵部尚书柳述、黄门侍郎元岩等入閤伺候。当时皇太子杨广住到了大宝殿，考虑到隋文帝有不利于自己的举动，需要预先防备，于是写了一封手书，封好了送给杨素。杨素把外面的情况记录下来报给杨广。宫人却将信送给了隋文帝，隋文帝看了十分恼火。隋文帝宠爱的陈贵人又说杨广对她无礼。隋文帝于是发怒，想要召见被废的皇子杨勇。杨广和杨素商量对策，杨素假传圣旨派东宫的士兵入宫守卫，出入宫门，都由宇文述、郭衍决定，又命令张衡进宫侍疾。隋文帝当天去世，于是外界多有异论。

启示：

杨素“智足以遂其奸，勇足以决其暴”，他凭借自己的聪明和欺诈，自立于世，不走仁义的正道，阿谀奉迎隋文帝，鼓动隋文帝修筑建造离宫，铺张浪费，甚至成功策划废黜嫡长子杨勇，使国家到了快要倾覆的危险境地。

古人云：“天下之德，莫过于忠。”忠诚是为官之要，官德之魂。目前，有一些党员干部对党不忠诚。有的不讲政治、自行其是，有的有禁不止、阳奉阴违，有的精神涣散、我行我素，有的公器私用、以权谋私，等等。因此，党员干部应当不断加强党性修养，勇于担当，敢于作为，不断净化自我、完善自我、提高自我，以对党的忠诚、对人民的忠诚、对事业的忠诚来诠释共产党人的政治本色。

李义府：见风使舵　言善行恶

李义府（614年—666年），瀛州饶阳（今河北饶阳）人，唐朝大臣。曾任门下典仪、监察御史、太子舍人、中书舍人、宰相等职。

原文：

贞观中，李大亮巡察剑南，表义府才，对策中第，补门下省典仪。刘洎、马周更荐之，太宗召见，转监察御史，诏侍晋王。王为太子，除舍人、崇贤馆直学士，与司议郎来济俱以文翰显，时称“来李”。献承华箴，末云：“佞谀有类，邪巧多方。其萌不绝[1]，其害必彰[2]。”义府方谄事[3]太子，而文致若谠直者，太子表之，优诏赐帛。

高宗立，迁中书舍人，兼修国史，进弘文馆学士。为长孙无忌所恶，奏斥壁州司马，诏未下，义府问计于舍人王德俭。德俭者，许敬宗甥，瘿[4]而智，善揣事，因曰："武昭仪方有宠，上欲立为后，畏宰相议，未有以发之。君能建白[5]，转祸于福也。"义府即代德俭直夜，叩閤上表，请废后立昭仪。帝悦，召见与语，赐珠一斗，停司马诏书，留复侍。武后已立，义府与敬宗、德俭及御史大夫崔义玄、中丞袁公瑜、大理正侯善业相推毂[6]，济其奸，诛弃骨鲠大臣，故后得肆志攘取威柄，天子敛衽矣。

义府貌柔恭，与人言，嬉怡微笑，而阴贼褊忌著于心，凡忤意者，皆中伤之，时号义府"笑中刀"。又以柔而害物，号曰"人猫"。

——《新唐书·卷二百二十三上·列传第一百八十四上》

注释：

[1]绝：铲除。

[2]彰：显著。

[3]谄事：逢迎侍奉。

[4]瘿（yǐng）：生长在脖子上的一种囊状瘤子。

[5]白：陈述。

[6]推毂：荐举，吹捧。

译文：

贞观年间，李大亮巡察剑南，上表称李义府有才，对策时中选，补为门下省典仪。刘洎、马周也推荐他，太宗召见后转任监察御史，诏令侍晋王。后来晋王立为太子，任李义府为舍人、崇贤馆直学士，与司议郎来济都以文笔著称，当时称之为“来李”。李义府曾献《承华箴》，文末说：“阿谀谗媚实不少，奸邪巧饰有多方，萌芽不彻底铲除，危害必十分显著。”当时，李义府正在巴结奉承太子，而文章却像是耿直坦荡的人。太子上表夸奖，得皇帝优诏赐帛。

高宗即位，升李义府为中书舍人、兼修国史，进弘文馆学士。长孙无忌厌恶其人品，上奏斥他为壁州司马，诏书还未下发，义府知道后，与舍人王德俭商议对策。王德俭，是许敬宗的外甥，颈上长个瘤，但人很聪明，善于见风使舵，对李义府说：“武昭仪现在正得宠，皇上想立她为皇后，又害怕宰相们有异议，所以还没有正式提出。你如果在这事上提出建议，推助一把，定能转祸为福。”于是李义府就替代王德俭值夜，趁机叩门上表，要求废王皇后而立昭仪为后。皇帝很高兴，召见李义府与他谈话，又赐珍珠一斗，停发要他出京任司马的诏书，留下继续服侍皇上。武则天已立为皇后，李义府、许敬宗、王德俭及御史大夫崔义玄、中丞袁公瑜、大理正侯善业互相吹捧，在私心干坏事上推波助澜，诛杀贬弃赤诚忠耿之臣，因此武后得以称心如意地制造夺取威势权柄，天子也只得俯首听命。

李义府看上去随和有礼，与人谈话，总是和言悦色，但心里却阴险偏狭，嫉妒记仇。凡是冒犯了他、不中他的意的人，都要设法中伤陷害，当时人称他为“笑中刀”。又因为他表面柔顺实质害人而称他为“人猫”。

启示：

白居易在《天可度》中写道："看不见李义府之辈笑欣欣，笑中有刀潜杀人。"意思是说，李义府这样笑眯眯喜乐的样子，其实笑里有刀，暗地里杀人。像李义府这样的人是非常可怕的，他表面随和有礼，内心阴险歹毒；乍看宽大慈悲，实则偏狭记仇。这种"笑中刀""人猫"的特质因为具有极大的隐蔽性与装饰性而使人很难识别，人们往往在浑然无知、无任何防范的情况下便惨遭荼毒、陷害。此种人是奸佞之人中的"极品"，属奸中之奸、害中之害。

虚花结不出实果，花枪敌不过真枪。荀子把"口言善，身行恶"的"两面人"称为"国妖"，把"口能言之，身能行之"的人称为"国宝"。执政为官者理应当"国宝"不当"国妖"。做老实人，为人厚道，公道正派。说老实话，不搞当面一套、背后一套，甚至笑里藏刀。办老实事，讲原则、担责任，兢兢业业，一步一个脚印。天下大事必做于细，古今成就必成于实。空谈只有误国，实干才会兴邦。

来俊臣：酷吏残酷　酷刑害人

来俊臣（651年—697年），雍州万年（今陕西西安）人，唐朝大臣。曾任侍御史、左台御史中丞、司仆少卿等职。

原文：

天资残忍，喜反覆，不事产。客和州为奸盗，捕送狱，狱中上变，刺史东平王续按[1]讯无状，杖之百。天授中，续以罪诛，俊臣上书得召见，自陈前上琅邪王冲反状，为续所抑。武后以为谅[2]，擢累侍御史，按诏狱，数称旨。后阴纵其惨，胁制群臣，前后夷千余族。生平有纤介，皆入于死。拜左台御史中丞，中外累息[3]，至以目语。

俊臣乃引侯思止、王弘义、郭弘霸、李仁敬、康暐、卫遂忠等，阴啸不逞[4]百辈，使飞语诬蔑公卿，上急变。每擿[5]一事，千里同时辄发，契验不差，时号为“罗织”，牒左署曰：“请付来俊臣或侯思止推实必得。”后信之，诏于丽景门别置狱，敕俊臣等颛按事，百不一贷。弘义戏谓丽景门为“例竞”，谓入者例皆尽也。俊臣与其属朱南山、万国俊作罗织经一篇，具为支脉纲由，咸有首末，按以从事。俊臣鞫囚，不问轻重皆注醯于鼻，掘地为牢，或寝以匽溺，或绝其粮，囚至啮衣絮以食，大抵非死终不得出。每赦令下，必先杀重囚乃宣诏。又作大枷，各为号：一、定百脉，二、喘不得，三、突地吼，四、著即臣，五、失魂胆，六、实同反，七、反是实，八、死猪愁，九、求即死，十、求破家。后以铁为冒头，被枷者宛转地上，少选[6]而绝。凡囚至，先布械于前示囚，莫不震惧，皆自诬服。

俊臣知群臣不敢斥己，乃有异图，常自比石勒，欲告皇嗣及庐陵王与南北衙谋反，因得骋志。遂忠发其谋。初，俊臣屡掎摭诸武、太平公主、张昌宗等过咎，后不发。至是诸武怨，共证其罪。有诏斩于西市，年四十七，人皆相庆，曰：“今得背著床瞑矣！”争抉目、擿肝、醢其肉，须臾尽，以马践其骨，无孑余，家属籍没。

——《新唐书·卷二百九·列传第一百三十四》

注释：

[1]按：审问、审查。

[2]谅：诚信。

[3]累息：因恐惧和害怕不敢呼吸。

[4]逞：放任。

[5]擿：揭发，揭露隐秘罪恶。

[6]选：片刻，一会儿。

译文：

来俊臣天性凶险残忍，喜好反复无常，不事生产。客居和州时犯奸盗被捕入狱，在狱中胡乱告密，刺史东平王李续调查后知道他是诬告，打了他一百大板。天授年中，东平王李续因罪被杀，来俊臣又上书告密，得武后召见，奏言前次上告琅邪王李冲谋反的事，被李续扣压。武后认为他忠诚，升官直至侍御史，他去审讯案件，多次使武后满意。武后放纵其惨毒，用以挟制群臣，前后牵连夷灭了一千多族。生平只要有纤微小过，均入狱论死。后来，来俊臣任左台御史中丞，朝廷内外从此屏息，没有人相互谈话，只以眼睛示意。

来俊臣引荐了侯思止、王弘义、郭弘霸、李仁敬、康暐、卫遂忠等人，暗中召集无赖之徒上百人，让他们造谣诬蔑公卿，然后秘密告发。每要诬陷一件事，就让好多地方同时告发，调查校核起来，自然不差。当时称这种做法为“罗织”。牒左署说：“案子交给来俊臣或侯思止审查，定能查得结果。”武后相信，诏令在丽景门另设推事院，嘱咐来俊臣等专门审案。审讯一百件案件，没一件不招供的。王弘义曾戏称丽景门为“例竟门”，意思是入此门的人照例要命尽。来俊臣曾与其党徒朱南山、万国俊撰写《罗织经》一篇，如何布置事状，如何步步审讯，如何令其招供，纲由始末均列得清清楚楚，只要按照办理，没有不成功的。来俊臣审讯囚犯，不问罪行轻重，都往犯人鼻子里灌醋，还掘地为牢，或让人泡在屎尿里，或不给饭吃，囚犯有饿到吞咽衣服里的棉花，一般不死出不了牢门。每次大赦令下来，来俊臣一定先把重犯杀了然后宣布诏令。他还制作大枷，共有十等，各有名称：一号叫定百脉，二号叫喘不得，三号叫突地吼，四号叫著即臣，五号叫失魂胆，六号叫实同反，七号叫反是实，八号叫死猪愁，九号叫求即死，十号叫求破家。后来还用铁笼头连在枷上，被枷住的人被拉着在地上转圈，一会儿工夫就被闷死了。审讯时，犯人提来，一定先把枷棒等刑具放在前面给犯人看。没一个不魂飞胆裂，都能屈认罪状。

来俊臣知道群臣不敢对自己怎么样，于是心里产生了狂妄的念头，常常以石勒自比，他准备诬告太子及庐陵王与南北衙通同谋反，好让他独揽朝政。卫遂忠告发了他的阴谋。以前，来俊臣多次告发武家人、太平公主及张昌宗等人的过错，武后都压下不提。这一次可激怒了武家众人，共同揭发来俊臣的罪恶。最后诏令在西市斩首，死时四十七岁，人人都抚额相庆，说："今天才能把背贴着床安心睡觉了。"大家争着去剜他的眼、摘他的肝、剁他的肉以泄愤，一会儿工夫肉被割尽，又用马践踏他的骨头，最后什么也没剩下，他的家属被没入官府为奴。

启示：

大凡酷吏，其人必心狠手辣，无恶不作；其情必虎狼蛇蝎，非我族类。在酷吏的"养成"过程中，权力无疑是其走向"异化"的一针催化剂、一道养生汤。来俊臣以检举揭发得到武后青睐，他大兴牢狱、自设酷刑、罗织罪名、残害朝臣，最终几乎以同样的方式身死族灭。

党纪国法不是“橡皮泥”“稻草人”，执政为官者也不是法外之人。2015年3月5日，李克强总理在《政府工作报告》中提出的“大道至简，有权不可任性”，意在提醒当权者要遵纪守法。习近平总书记在省部级主要领导干部专题研讨班开班式上发表重要讲话时指出：“权力是一把双刃剑，在法治轨道上行使可以造福人民，在法律之外行使则必然祸害国家和人民。把权力关进制度的笼子里，就是要依法设定权力、规范权力、制约权力、监督权力。”为官者当做到在法治之下，而不是法治之上想问题、办事情、作决策。

杨国忠：家中选官　专权乱政

杨国忠（？—756年），本名杨钊，蒲州永乐（今山西芮城）人，唐朝大臣。曾任监察御史、度支员外郎、侍御史、右相、吏部尚书等职。

原文：

天宝十载十一月，杨国忠为右相，兼吏部尚书，奏请两京选人，铨日便定留放，无少长各于宅中引注[1]。虢国姊妹垂帘观之。或有老病丑陋者，皆指名以笑。虽士大夫亦遭耻。故事[2]，兵吏部事中行列于前曰："既对注拟，即是过门下了。"希烈等腹悱而已。侍郎韦见素、张倚皆衣紫，与本曹郎官，藩屏外排比案牍，趋[3]走语事。乃谓帘中杨氏曰："两个紫袍主事何如？"杨乃大噱。选人郑愬附会其旨，与二十余人率钱于勤政楼设斋，兼为国忠立碑于尚书省南。所注吏部三铨选人，专务鞅掌[4]，不能躬亲，皆委典及令史孔目官为之。国忠但押一字，犹[5]不可遍。

——《唐续会要》

注释：

[1]注：注册登记。

[2]故事：依照过去的惯例。被选的官员，须在兵部、吏部登记、注册完了，再呈送给门下省。门下省长官侍中和助手给事中考核，考核认为不合格，退回，叫退量。杨国忠专权任官只一人说了算，叫左相陈希烈在边上坐着。

[3]趋：快走。

[4]鞅（yàng）掌：事务繁忙的样子。

[5]犹：尚且。

译文：

唐玄宗天宝十年十一月，杨国忠为右相兼吏部尚书，他上奏玄宗请求在西京长安、东京洛阳两京选人授官，铨选那天，便决定任官。那天，无论年龄大的、年龄小的都在杨国忠私宅里注册登记任官。杨贵妃的姐姐虢国夫人、韩国夫人，贵妃的妹妹秦国夫人在屋里放下竹帘看这些人。老、病、丑陋者都指名道姓取笑他们，即使是士大夫也免不了遭受她们耻笑取乐。依照过去的惯例，门下省给事中出了行列到前边说："既然已经授职任官，就是经过门下省这道手续了。"陈希烈等人口中不说，心里不愿意，只是闷坐而已。门下侍中韦见素、张倚都穿紫衣和本衙署郎中等官员，在藩屏外并排坐桌案后，如有事叫他们还得快走向前回话。给事中对帘中的杨国忠说："两个穿紫衣服的主办这件事怎么样？"杨国忠哈哈大笑。被选上的官员郑愻为阿谀奉承杨国忠，和二十多个人拿着钱在勤政楼设宴，并且在尚书省南边给杨国忠立碑。吏部三铨授职、选拔、考绩等全免了，说是事务繁忙，不能亲自动手，都委托典史及令史、孔目官等低级官吏代替。杨国忠只是签个字而已，还不一定都签。

启示：

唐朝政府选拔官吏，须经吏部三次预选注册，并三次召集百官于尚书省唱名，征求诸官的意见，方可决定任用与否。杨国忠倚仗自己是皇帝的大舅子，被唐玄宗三提两提当上宰相后，就把这套严密的制度扔在一旁，选拔官吏全凭自己的喜好。那些做梦都想弄个官做的人们如过江的鲫鱼、逐臭的苍蝇，纷纷前来拜谒杨国忠，除了大拍马屁，还要送上巨资，一时间"吏得轻重，显赇公谒无所忌"。用一贤人则群贤毕至，见贤思齐就蔚然成风。"亲贤臣，远小人"，才能造福一方百姓。习近平总书记说，选好干部，用好干部，事关党的薪火相传，事关国运兴衰。因此，选人用人要严把"入口关"，使举贤用贤成为共识，让更多的人才汇集到党和人民的事业中来，实现"干部清正，政府清廉，政治清明"。

元载：恣为不法　长恶不悛

元载（？—777年），字公辅，凤翔岐山（今陕西凤翔）人，唐朝大臣。曾任新平尉、中书侍郎同平章事、天下元帅行军司马、同中书门下平章事等职。

原文：

肃宗即位，急于军务，诸道[1]廉使[2]随才擢用。迁洪州刺史。两京平，入为度支郎中。载智性敏悟，善奏对，肃宗嘉之，委以国计，俾充使江、淮，都领漕挽之任，寻[3]加御史中丞。载与幸臣李辅国善。辅国妻元氏，载之诸宗，因是相昵狎。时辅国权倾海内，举无违者，会选京尹，辅国乃以载兼京兆尹。载意属国柄，诣[4]辅国恳辞京尹，辅国识其意，然之。

旬日，肃宗晏驾，代宗即位，辅国势愈重，称载于上前。载能伺上意，颇承恩遇，迁中书侍郎、同中书门下平章事，加集贤殿大学士，修国史。辅国死，载复结内侍董秀，多与之金帛，委主书卓英倩，潜通密旨。以是上有所属，载必先知之，承意探微，言必玄合，上益信任之。

内侍鱼朝恩负恃权宠，不与载协[5]，载常惮之。大历四年冬，乘间密奏朝恩专权不轨，请除之。朝恩骄横，天下咸怒，上亦知之，及闻载奏，适会于心。五年三月，朝恩伏法，载谓己有除恶之功，是非前贤，以为文武才略，莫己之若。城中开南北二甲第，室宇宏丽，冠绝当时。婢仆曳罗绮一百余人，恣为不法，侈僭无度。代宗尽察其迹，以载任寄多年，欲全君臣之分。载尝独见，上诫之，不悛[6]。上封人李少良密以载丑迹闻，载知之，奏于上前，少良等数人悉毙于公府。由是道路以目，不敢议载之短。代宗审其所由，凡累年，载长恶不悛，众怒上闻。辩罪问端，伏罪。

载在相位多年，权倾四海，外方珍异，皆集其门，资货不可胜计，故伯和、仲武等得肆其志。轻浮之士，奔其门者，如恐不及。名姝异乐，禁中无者有之。兄弟各贮妓妾于室，倡优偎亵之戏，略无愧耻。及得罪，行路无嗟惜者。

——《旧唐书·卷一百一十八·列传第六十八》

注释：

[1]道：行政区划。

[2]廉使：唐朝指观察使。

[3]寻：不久。

[4]诣：拜访。

[5]协：合作。

[6]悛：悔改。

译文：

唐肃宗即位后，急于处理军务，于是让各地廉使根据才学选拔人才录用。元载升任洪州刺史。两京收复，入朝任度支郎中。元载这个人智慧聪明悟性高，擅长奏事对答，唐肃宗嘉许他，把关乎国计民生的事都委任他办理，让他担任使节去江淮，总领漕运事务，不久又加官御史中丞。元载与皇上宠幸之臣李辅国很要好。李辅国的妻子元氏，是元载的宗亲，因此，相互间十分亲近。当时李辅国权倾海内，行动无人敢违抗，适逢选举京兆尹，于是，李辅国让元载兼任京兆尹。元载想做宰相，就去拜访李辅国，恳切地要求辞去京兆尹一职，李辅国看出了他的意愿，就同意了。

十几天后，肃宗去世，唐代宗即位，李辅国权势更大了，在皇上面前夸赞元载。元载能探察皇上的意图，很受恩宠，升任中书侍郎、同中书门下平章事和集贤殿大学士，修国史。李辅国死后，元载又结交内侍董秀，给了他很多金帛，让中书主书卓英倩暗自传达密旨给自己。因此，凡是皇上关注的，元载一定先知道，顺承皇帝的意愿、探究其中的深义，交谈中必定暗合，所以，唐代宗更信任他。

内侍鱼朝恩很自负，依仗权势恩宠，不和元载合作，元载常常害怕他。大历四年的冬天，元载趁机向皇帝密奏鱼朝恩专权，图谋不轨，请求将他除掉。鱼朝恩为人骄横，天下都非常愤怒，皇上也知道这个情况，听了元载上的奏章，正好符合其心意。大历五年三月，鱼朝恩伏法，元载认为自己是清除恶人的功臣，褒贬前贤，觉得在文才武略上，没有人能比得上他。元载在城中建了南北两所豪华宅第，室宇恢宏华丽，在当时首屈一指。穿罗绮的婢女和奴仆有一百多人，恣意妄为，奢侈无度。唐代宗对他的行迹了如指掌，不过是因为元载被任用了这么多年，想保全君臣的名分。于是，当元载单独觐见时，唐代宗便劝诫他，但他并不知道悔改。上封人李少良将元载的丑恶行迹秘密上奏朝廷，元载知道以后，面奏唐代宗，将李少良等一干人在朝上全部打死。于是，道路两侧的行人都以眼睛示意，没有人敢议论元载的劣迹。唐代宗明察元载的所作所为，已经很多年了，但他还一直作恶，不知悔改，于是，大家的愤怒，皇上每日都有所闻，便问其罪行，追问事端，元载最终伏罪。

元载身居相位多年，权倾四海，国外的珍宝异物都汇集在他的府中，资产财物不可胜数，因此，元伯和、元仲武等人才能任意妄为。投奔他门下的那些轻浮士人，唯恐避之不及。美女和奇异的乐器，宫中没有的他都有。他的兄弟在家中各自蓄养妓妾，倡优表演的那些猥亵游戏，父子和兄弟一起观看，一点都不觉得羞愧可耻。到元载获罪时，路上没有嗟叹惋惜的人。

启示：

元载获罪后是被赐自尽的，但大多数的自尽并不是自杀，而是被人勒死。临死时元载到底作何感想，史无说明。仅仅的记载是：元载对行刑的人说，越快越好。行刑人说：请相公原谅，您还得稍微受点罪。因为不想听到元载临死的叫声，主刑者脱下自己的臭袜子塞进元载的嘴里，然后用力拉动了那条白色的丝带。元载当了十六年宰相，肆意妄为，就连皇帝多次劝他都不知悔改，毫无羞耻之心。如果他能早点收手，元载的人生都不会是如此结局。

《谷梁传》中说："君不使无耻。无耻，则随心所欲，无所不为，无恶不作。"古代的先哲圣贤，历来都把知耻视为"立人之大节""治世之大端"。人有气节，国有国格。一个人有了羞耻之心，才会心存戒惧；一个国家有了羞耻之心，才能自强不息。可以说，小到个人修养，大至民族气节，都不能不知羞耻。这是先人留下的宝贵思想财富，值得深思铭记。执政为官者若无羞耻，就会肆意妄为。所以，官职越高，权力越大，越应战战兢兢，如履薄冰。

仇士良：纵兵杀戮　暴甚寇盗

仇士良（781年—843年），字匡美，循州兴宁（今广东兴宁）人，唐朝宦官。曾任内外五坊使、左神策军中尉、左街功德使、右骁卫大将军等职。

原文：

顺宗时得侍东宫。宪宗嗣位，再迁内给事，出监平卢、凤翔等军。尝次[1]敷水驿，与御史元稹争舍上听[2]，击伤稹。中丞王播奏御史、中使以先后至得正寝，请如[3]旧章。帝不直[4]稹，斥其官。元和、大和间，数任内外五坊使，秋按鹰内畿，所至邀吏供饷，暴甚寇盗。

文宗与李训欲杀王守澄，以士良素与守澄隙[5]，故擢左神策军中尉兼左街功德使，使相糜肉。已而训谋悉逐中官，士良悟其谋，与右神策军中尉鱼弘志、大盈库使宋守义挟帝还宫。王涯、舒元舆已就缚，士良肆胁辱，令自承反，示牒[6]于朝。于时莫能辨其情，皆谓诚反，士良因纵兵捕，无轻重悉毙两军，公卿半空。

——《新唐书·卷二百七·列传第一百三十二》

注释：

[1]次：旅行所居住之处所。

[2]听：通“厅”，聚会或招待客人用的大房间。

[3]如：依照顺从。

[4]直：公正合理。

[5]隙：感情上的裂痕，矛盾。

[6]牒：文书，证件。

译文：

顺宗时仇士良在东宫侍候太子。宪宗即位，仇士良升为内给事，监督平卢、凤翔等军。曾夜宿敷水驿，与御史元稹争住上房，将元稹打伤。中丞王播上奏说御史和中使应以到达先后来定谁住上房，要求皇帝按旧章处理。皇帝不为元稹申理，反而斥责他。从元和元年到大和年间，仇士良多次任内外五坊使，秋季到内畿试鹰，所到之处，要求官吏供饷，其凶暴甚于盗寇。

文宗即位后，曾与李训商议，想杀死王守澄。因仇士良一向与王守澄有矛盾，所以将仇士良升为左神策军中尉兼左街功德使，让他们相互排挤。后来，李训想把所有的宦官都驱逐掉，仇士良发觉了他的计划，就与右神策军中尉鱼弘志、大盈库使宋守义挟持皇帝从含元殿回宫。王涯、舒元舆已被抓获，仇士良百般胁迫凌辱，要他们自己承认想造反，把他们写的坦白交代在朝中传看。那时没人能认真调查辨别，看了他们的交代，都说的确是他们谋反。仇士良借此纵兵滥捕，横加屠戮，不管罪轻罪重，不管有罪无罪，把两军全部杀害，朝廷公卿几乎一半被杀。

启示：

诸葛亮在《出师表》中曾说："亲贤臣，远小人，此先汉所以兴隆也；亲小人，远贤臣，此后汉所以倾颓也。"两个鲜明的对比，也道出了小人的危害性。其实不光两汉，历代的兴衰都莫过于此。唐朝中后期，以仇士良为代表的一批宦官气焰嚣张，他们擅领甲兵，恣行剽劫，"迫胁天子，下视宰相，陵暴朝士如草芥"，立君、弑君、废君如同儿戏，国家命运危在旦夕。

历史一页页地翻过去了，皇帝、宦官只能在影视剧中方可见到，但是历史是一面镜子，永远有借鉴作用。现实社会中，那些"宦官"之流仍然存在。以唯唯诺诺的谦卑姿态讨好顶头上司者，以言听计从的奴才精神百般隐忍坐大成势者，以心领神会的溜须拍马拓展势力者，以混淆视听的蒙蔽手段、挑拨离间的卑鄙伎俩干预领导决策者……他们无不都是历史上的阉党附身。所以对待这样的小人，"可远而不可亲也"，远离他们，那些小人自然也就无计可施了。

梁师成：借雅好媚主　揽名士藏奸

梁师成（？—1126年），字守道，北宋宦官。曾任检校太傅、彰化军节度副使等职。

原文：

时中外泰宁，徽宗留意礼文符瑞之事，师成善逢迎，希恩宠。帝本以隶人[1]畜之，命入处殿中，凡御书号令皆出其手，多择善书吏习仿帝书，杂诏旨以出，外廷莫能辨。师成实不能文，而高自标榜，自言苏轼出子[2]。是时，天下禁诵轼文，其尺牍[3]在人间者皆毁去，师成诉于帝曰："先臣何罪？"自是，轼之文乃稍出。以翰墨为己任，四方俊秀名士必招致门下，往往遭点污。多置书画卷轴于外舍，邀宾客纵观，得其题识合意者，辄密加汲引，执政、侍从可阶而升。王黼[4]父事之，虽蔡京父子亦谄附[5]焉，都人目为“隐相”，所领职局至数十百。

——《宋史·卷四百六十八·列传第二百二十七》

注释：

[1]隶人：仆人。

[2]出子：有孕之妾被休弃后所生之子。

[3]尺牍：长一尺的木简、信札。

[4]王黼（fǔ）：北宋末年宰相。

[5]谄附：逢迎趋附。

译文：

当时天下太平，徽宗留意礼文符瑞的事，梁师成善于逢迎，希望得到恩宠。徽宗本来是把他作为下等奴仆的，用他为身边的近臣，凡是皇帝诏令都出自他的手，他选那些擅长书法的小官练习模仿徽宗的字体，掺杂在诏书中颁布，朝官不能辨别真伪。梁师成实无文才，但却自我标榜，自称是苏轼流落在外的儿子。当时，苏轼的文章被禁，他的文章在民间的都被毁去，梁师成向皇帝诉委屈说：“我的先辈有何罪？”此后，苏轼的文章才慢慢流行。梁师成以翰墨为己任，广招天下才能之士，这些名人往往被他玷污。梁师成在厅堂放了很多书画，请宾客参观，得到某人题识符合己意的，就秘密提拔，执政、侍从也可由此而升任。王黼待之如父，即使蔡京父子对他也要献媚攀附，京城人视他为“隐相”，他兼任百十个官职。

启示：

宋徽宗喜欢舞文弄墨，在书画方面有很高的造诣，他十分赏识苏东坡的文墨。发现了徽宗的喜好后，略通文墨、善于逢迎的梁师成，便谎称自己是苏东坡的“遗腹子”，并以翰墨为己任，招揽天下名士，常常对门下的名士指点批评。作为一个宦官，却得以身兼数百个官职，就是这样的一名宦官，打着喜好书画的名号，常以一己之体察，荐引官员，即使是蔡京父子也得献媚攀附，群臣暗地里称他为“隐相”，成为一代权奸。

“好船者溺，好骑者堕，君子各以所好为祸。”近来年，倒在著书立说、收藏古玩字画、舞文弄墨这些雅好上的官员不在少数。因此，领导干部对于个人爱好，要“爱”之有道，“好”之有德，用健康的心态来选择个人爱好，用谨慎的心态来规制个人爱好，更要有自知之明，切莫为“爱”所累、被“好”所误。

秦桧：专横嚣张　欺君罔上

秦桧（1090年—1155年），字会之，江宁（今江苏南京）人，南宋大臣。曾任御史中丞、参知政事、宰相等职。

原文：

秦丞相，晚岁权尤重。常有数卒，皂[1]衣持梃[2]，立府门外，行路过者，稍顾謦[3]咳，皆呵止之。尝病告一二日，执政[4]独对，既不敢它语，惟盛推秦公勋业而已。明日入堂，忽问曰："闻昨日奏事甚久？"执政惶恐曰："某惟诵太师先生勋德旷世所无，语终即退，实无他言。"秦公嘻笑曰："甚荷！"盖已嗾[5]言事官上章，执政甫归，阁子弹章副本已至矣。其忮[6]刻如此。

——《老学庵笔记·卷八》

注释：

[1]皂：黑色。

[2]梃：棍棒。

[3]謦（qǐng）：咳嗽。

[4]执政：指皇帝。

[5]嗾（sǒu）：教唆，指使别人做坏事。

[6]忮（zhì）：害，嫉妒，狠。

译文：

秦桧任丞相，年龄大了以后权势也更大了。平时总有几个小卒，穿着黑衣手持棍棒，站在秦府门外，路过的人稍微朝门里看一眼或咳嗽出声，就会受到呵斥和制止。一日，秦桧生病说要休息两天，对这事，皇帝也不敢说他别的，只能是赞扬秦桧劳苦功高而已。第二天他来早朝，突然问："听说昨天朝议说了很久？"皇上慌忙说："只是赞扬太师的旷世功勋和德行无与伦比，说完就退朝了，真的没说别的。"秦桧嘻笑着说："很好！"原来秦桧已经唆使当事官员上奏折，皇帝回去时，奏章副本已经到了秦桧那里。秦桧的狠毒心计可见一斑。

启示：

秦桧是公认的国之巨蠹。在他专权的十八年间，卖官鬻爵、开门纳贿，"监司、帅守到阙，例要珍宝，必数万顷乃得差遣"，还架空皇帝，残害忠良，独断专行，“挟虏势以要君”，以致于颠倒乾坤，乱了纲常。在《除秦桧祠移文》中，南宋大学者朱熹写道：“窃见故相秦桧归自虏廷，久专国柄，内忍事仇之耻，外张震主之威。以恣睢戮善良，销沮人心忠义刚直之气；以喜怒为进退，崇奖天下佞谀偷惰之风。究其设心，何止误国！”

习近平总书记强调：党员领导干部必须维护党中央的权威，在任何时候、任何情况下都要在思想上、政治上、行动上同党中央保持高度一致。对于当下的中国来说，要全面实现社会主义现代化，必须有强有力的中央权威。只有在党中央的正确领导下，才能推动社会更加自由、平等、公正、法治，才能把我们的祖国建设成富强、民主、文明、和谐的社会主义现代化国家。

贾似道：似道无道　恶政祸国

贾似道（1213年—1275年），字师宪，号悦生、秋壑，浙江天台人，宋朝大臣。曾任嘉兴司仓、江陵知府、宝文阁学士、京湖安抚制置大使等职。

原文：

似道入，逐卢、董所荐林光世等，悉罢之，勒外戚不得为监司[1]、郡守[2]，子弟门客敛迹，不敢干朝政。由是权倾中外，进用群小。取先朝旧法，率意纷更，增吏部七司法。买公田以罢和籴[3]，浙西田亩有直千缗者，似道均以四十缗[4]买之。数稍多，予银绢；又多，予度牒[5]告身。吏又恣为操切，浙中大扰[6]。有奉行不至者，提领刘良贵劾之。有司争相迎合，务以买田多为功，皆缪以七八斗为石。其后，田少与硗瘠、亏租与佃人负租而逃者，率[7]取偿田主。六郡之民，破家者多。包恢知平江，督买田，至以肉刑从事。复以楮[8]贱作银关，以一准十八界会[9]之三，自制其印文如“贾”字状行之，十七界废不用。银关行，物价益踊，楮益贱。秋七月，彗出柳，光烛天，长数十丈，自四更见东方，日高始灭。台谏、布韦皆上书，言此公田不便，民间愁怨所致。似道上书力辩之，且乞罢政。帝勉留之曰；“公田不可行，卿建议之始，朕已沮之矣。今公私兼裕，一岁军饷，皆仰于此。使因人言而罢之，虽足以快一时之议，如国计何！”有太学生萧规、叶李等上书，言似道专政。命京尹刘良贵捃[10]摭以罪，悉黥配之。后又行推排法。江南之地，尺寸皆有税，而民力弊矣。

——《宋史·卷四百七十四·列传第二百三十三》

注释：

[1]监司：有监察州县之权的地方长官简称。

[2]郡守：郡守，官名。郡的行政长官，始置于战国。

[3]和籴（dí）：原指官府出资向百姓公平购买粮食。唐中期以后，逐渐成为官府强加于百姓的抑配征购。

[4]缗（mín）：用于成串的铜钱，每串一千文。

[5]度牒：旧时官府发给僧尼的证明身份的文件，也叫“戒牒”。唐宋时，官府可出售度牒，以充军政费用。

[6]大扰：受到骚扰。

[7]率：一概。

[8]楮（chǔ）：纸。

[9]会：南宋时发行的纸币。

[10]捃（jùn）：搜集。

译文：

贾似道入朝后，逐去卢允升、董宋臣推荐的林光世等，勒令外戚不得为监司、郡守，他们的子弟门客有所收敛，不敢干预朝政。于是贾似道权倾内外，任用奸邪小人。贾似道还决意改变先朝旧法，增设吏部七司法。买公田罢和籴，浙西土地有值千缗的，贾似道都用四十缗买来。土地稍多，就给银绢；更多，就给度牒。官吏恣意行事，急迫而严厉，浙中受到骚扰。有执行不好的，就遭到提领刘良贵的弹劾。有关部门争相迎合，极力以多买田为功，都错把七八斗作为一石。此后，田少的、土质贫瘠的、欠租赋的和佃农欠租税而逃的，都由田主赔偿。六郡百姓，倾家荡产的很多。包恢为平江知府，督促买田，甚至使用肉刑。又因纸币贱而制造银关，一个标准银关相当于十八界会子三贯，自制银关的印文如“贾”字状，废十七界会子而用银关。银关流行，物价更贵，纸币更贱。七月，彗星出现，星光冲天，长数十丈，从四更天出现在东方，太阳升高时才消失。台谏、布韦都上书，说彗星出现是因为买公田使民间愁怨所致。贾似道上书极力争辩，并请求辞职。皇帝挽留他说：“公田不能推行，你开始建议时，我已经阻止；现在公私都富足，一年的军费，全都仰仗公田。假如因为有人议论就罢去，虽然可使一时的议论称好，对国计无补！”

太学生萧规、叶李等上书，说贾似道专权。皇帝命令京尹刘良贵搜集他们的罪状，把他们都处以黥刑并发配。后来又实行推排法。江南的土地，一尺一寸都有税，民力凋敝。

启示：

毛主席说，“政治路线确定以后，干部就是决定因素。”贾似道排除异己，结党营私等一系列罪行，对加速南宋灭亡负有无可推卸的责任，可就是这样的一个奸臣却得到宋理宗重用。所以，用什么样的人，怎么样去用人，是关系到一个国家之存亡兴废的根本大计。无论国家的最高统治者，还是地方各级领导、大小主管，对握有一定权柄的人，不管其本事大小、水平高低，只要他善于用人、敢于用人、用对了人、用好了人，在国家则是成功的领袖；在地方、单位、机关、部门则是优秀的领导干部。相反，这个人也许极有本事、极有水平，但用人不当、所用非人，甚至用了奸人、佞人、小人、坏人之流，早晚要出问题，而且必然是大问题。所以，无数的历史事实证明，对于握权的人来说，用人是绝不能轻忽的头等大事。

阿合马：肆意妄为　贪横枉法

阿合马（？—1282年），回回人，元代大臣。曾任宰相等职。

原文：

十五年正月，世祖以西京饥，发粟万石赈之。又谕阿合马宜广贮积，以备阙乏。阿合马奏："自今御史台非白省，毋擅召仓库吏，亦毋究索钱谷数。及集议中书不至者，罪[1]之。"其沮抑台察如此。四月，中书左丞崔斌奏曰："先以江南官冗，委任非人，遂命阿里等澄汰之。今已显有征验，蔽不以闻，是为罔[2]上。杭州地大，委寄非轻，阿合马溺于私爱，乃以不肖子抹速忽充达鲁花赤，佩虎符，此岂量才授任之道？"又言："阿合马先自陈乞免其子弟之任，乃今身为平章，而子若侄或为行省参政，或为礼部尚书、将作院达鲁花赤、领会同馆，一门悉处要津[3]，自背前言，有亏公道。”有旨并罢黜之。然终不以是为阿合马罪。

时阿合马在位日久，益肆贪横，援引奸党郝祯、耿仁，骤升同列，阴谋交通，专事蒙蔽，逋[4]赋不蠲[5]，众庶流移，京兆等路岁办课至五万四千锭，犹以为未实。民有附郭美田，辄取为己有。内通货贿，外示威刑，廷中相视，无敢论列。有宿卫士秦长卿者，慨然上书发其奸，竟为阿合马所害，毙于狱。

——《元史·卷二百五·列传第九十二》

注释：

[1]罪：治罪。

[2]罔：欺骗。

[3]要津：要害部门。

[4]逋：拖欠。

[5]蠲（juān）：除去，免除。

译文：

十五年正月，世祖因西京闹饥荒，便以万石粟米赈灾。又通知阿合马，要广为贮蓄，以备不足。阿合马奏道：“自今以后，御史台不先报告中书省则不得随便召唤仓库的官吏，亦不得追索钱粮的数额。在中书省开会讨论时，御史台不出席，要办罪。”可见，他打击、贬低御史台到了什么地步。四月，中书左丞崔斌奏告皇上：“以前因为江南冗员多，且委任非人，便命阿里等人前往裁汰。今已有显著成效，但阿合马不上报，这是欺骗皇上。杭州地大，责任不轻，阿合马溺于私爱，以自己的不肖之子抹速忽担任达鲁花赤，佩虎符，这岂是量才授官之道？”又说：“以前阿合马自己要求免除其子弟的职务，但现在，他自己身居平章要职，而其子和侄或做行省参政，或为礼部尚书，或以将作院达鲁花赤、领会同馆，全家族人都安置在要害部门。这样自背前言，有损公道。”于是世祖下令罢免了阿合马许多子弟的职务，但始终不将此情作为阿合马本人的罪过来处理。

阿合马在职日久，益肆贪横，于是引用奸党郝祯、耿仁等，迅速提升到与自己同列，阴谋相互联络，蒙蔽皇上，拖欠的赋税也不消减，民众被迫到处流亡。京兆等路每年收入赋税达到五万四千锭，还认为没有据实征收。靠近城郊的百姓良田，动辄被他们取为己有。内则贪赃纳贿，外则显示威刑，朝中廷臣敢怒而不敢言，不敢议论其是非。有宿卫士秦长卿，愤慨已极，便向皇帝上书以揭发他的罪恶，竟为阿合马所害，最后死于狱中。

启示：

公元1282年，元朝“大老虎”阿合马离奇遇刺身亡，举国上下，从官至民，无不拍手称快。阿合马掌握重权，认为遵循汉法建立起来的国家机构有碍于自己理财，便千方百计去控制或削弱这些机构，比如御史台。渐渐地，阿合马家族控制了全国的内外贸易、大宗商品实行官买官卖。再加上他巧言令色，使忽必烈相信他有非凡才能，阿合马更加飞扬跋扈了。阿合马专权暴敛，排除异己，国人意识到他是国家大害，非除掉不可，于是上演了不得善终、尸体喂狗的悲惨结局。

手握特权便会肆意妄为，这也正是诱发社会矛盾及冲突的根源。要真正遏制特权乱象，必须做到标本兼治，加强对权力运行的制约和监督，把权力关进制度的笼子。为官者行使的是公权力，权力来自人民，他们的职务行为必须在规范、法治、监督的环境下运行，公权力任何时候都不是私人的工具。

铁木迭儿：乘间肆毒 死有余辜

铁木迭儿（？—1322年），元朝大臣。曾任通政院使、右丞相、云南行省左丞相等职。

原文：

赵世延时为四川行省平章政事，铁木迭儿怒其昔尝论己，方入相时，即从东宫启英宗遣人逮捕之。世延未至，铁木迭儿使讽世延，啖[1]以美官，令告引同时异己者，世延不肯从。至是，坐以违诏不敬，令法司穷治，请置极刑。英宗曰："彼罪在赦前，所宜释免。"铁木迭儿对曰："昔世延与省台诸人谋害老臣，请究其姓名。"英宗曰："事皆在赦前矣，又焉用问。"后数日，又奏世延当处死罪，又不允。有司承望风旨，锻炼[2]欲使自裁，世延终无所屈，赖[3]英宗素闻其忠良，得免于死。

铁木迭儿恃其权宠，乘间肆毒，睚眦[4]之私，无有不报。英宗觉其所谮[5]毁者，皆先帝旧人，滋不悦其所为，乃任拜住为左丞相，委以心腹。铁木迭儿渐见疏外，以疾死于家。御史盖继元、宋翼，言其上负国恩，下失民望，生逃显戮，死有余辜。乃命毁所立碑，追夺其官爵及封赠制书，籍没其家。

——《元史·卷二百五·列传第九十二》

注释：

[1]啖：拿利益引诱人。

[2]锻炼：罗织罪名，陷人于罪。

[3]赖：仗势，由于。

[4]睚眦：瞪眼，比喻极小的仇恨。

[5]谮（zèn）：说坏话诬陷别人。

译文：

赵世延时任四川行省平章政事，铁木迭儿恼怒他过去曾经揭露过自己，在刚入中书为相时，即赴东宫启奏尚待即位的皇太子英宗，要求派人逮捕世延。世延没来，铁木迭儿又使人暗示世延，骗他说要升他为高官，要求世延告发反对过铁木迭儿的人，世延也不从。至此，铁木迭儿便诬陷世延，说他违诏不敬，令司法部门深究，处以极刑。英宗说："他犯的罪，在大赦之前，应该免罪释放。"铁木迭儿说：

“世延与过去省台许多人谋害老臣，请您追究这些人。”英宗又说：“事情都发生在大赦之前，又何必再问？”又过数日，铁木迭儿又对皇上说应当处死世延的理由，英宗仍不允诺。司法官吏秉承皇太后、铁木迭儿的意图，加世延以莫须有的罪名迫使他自裁，世延终无所屈，这是由于英宗平时听说其忠良而得免于死。

铁木迭儿恃其权宠，乘机到处作坏事，只要有人向他瞪一下眼睛，就一定要受到报复。英宗也觉得他攻击诋毁的人都是先帝的旧臣，也很不高兴他的所作所为，于是任拜住为左丞相，把他当作最亲密的心腹看待。铁木迭儿慢慢觉得皇上在疏远他，心中不悦，在家中病死了。御史盖继元、宋翼说他上负国恩，下失民望，在世时虽逃掉了当众处决，死后还当惩其余罪。英宗就命人捣毁其所立之碑，撤销其官爵及封赠，籍没其家产。

启示：

铁木迭儿身为群臣之首，本应以身率先，为百官之楷模，然而他不思兴国利民之计，却倚仗权势“乘间肆毒”，行“睚眦之私”，屡次构害赵世延。但是年轻的元英宗也并非懦弱的小皇帝，他善察人事，很有主见，不听铁木迭儿的陷害之词，主持了正义，使赵世延之类的天下正义之士从此扬眉吐气。

铁木迭儿的事例，再次告诫我们为官用权当心存正气。正气是人立身之本，也是为官之要。要做官，先做人，特别是那些手握权柄的领导干部，更应把涵养正气作为自身修身立德之要，从政为官之基，在工作和生活中要坚守正道、弘扬正气，坚持以信念、人格、实干立身；要襟怀坦白、光明磊落，对上对下讲真话、实话；要坚持原则、恪守规矩，严格按党纪国法办事；要严肃纲纪、嫉恶如仇，对一切不正之风敢于亮剑；要艰苦奋斗、清正廉洁，正确行使权力，在各种诱惑面前经得起考验。唯其如此，才能造福一方。

王振：公报私仇　残害朝臣

王振（？—1449年），蔚州（今河北蔚县）人，明代宦官。曾任东宫局郎、司礼监太监等职。

原文：

至正统七年，太皇太后崩，荣[1]已先卒，士奇以子稷论死不出，溥老病，新阁臣马愉、曹鼐势轻，振遂跋扈不可制。作大第皇城东，建智化寺，穷极土木。兴麓川之师，西南骚动。侍讲刘球因雷震上言陈得失，语刺[2]振。振下球狱，使指挥马顺支解之。大理少卿薛瑄、祭酒李时勉素不礼振。振摭[3]他事陷瑄几死，时勉至荷校[4]国子监门。御史李铎遇振不跪，谪戍铁岭卫。驸马都尉石璟詈[5]其家阉，振恶贱己同类，下璟狱。怒霸州知州张需禁饬牧马校卒，逮之，并坐需举主王铎。又械户部尚书刘中敷，侍郎吴玺、陈瑺于长安门。所忤恨，辄加罪谪。内侍张环、顾忠，锦衣卫卒王永心不平，以匿名书暴振罪状。事发，磔[6]于市，不覆奏。

帝方倾心向振，尝以先生呼之。赐振敕，极褒美。振权日益积重，公侯勋戚呼曰翁父。畏祸者争附振免死，赇赂辏集。工部郎中王佑以善谄擢本部侍郎，兵部尚书徐晞等多至屈膝。其从子山、林至廕都督指挥。私党马顺、郭敬、陈官、唐童等并肆行无忌。久之，构衅瓦剌，振遂败。

瓦剌者，元裔也。十四年，其太师也先贡马，振减其直，使者恚而去。秋七月，也先大举入寇，振挟帝亲征。廷臣交谏，弗听。至宣府，大风雨，复有谏者，振益虓怒。成国公朱勇等白事，咸膝行进。尚书邝野、王佐忤振意，罚跪草中。其党钦天监正彭德清以天象谏，振终弗从。八月己酉，帝驻大同，振益欲北。镇守太监郭敬以敌势告，振始惧。班师，至双寨，雨甚。振初议道紫荆关，由蔚州邀帝幸其第，既恐蹂乡稼，复改道宣府。军士纡回奔走，壬戌始次土木。瓦剌兵追至，师大溃。帝蒙尘，振乃为乱兵所杀。败报闻，百官恸哭，都御史陈镒等廷奏振罪，给事中王竑等立击杀马顺及毛、王二中官。郕王命脔王山于市，并振党诛之，振族无少长皆斩。振擅权七年，籍其家，得金银六十余库，玉盘百，珊瑚高六七尺者二十余株，他珍玩无算。

——《明史·卷三百四·列传第一百九十二》

注释：

[1]荣：原名杨子荣，字勉仁，明初著名政治家、文学家，与杨士奇、杨溥并称“三杨”。

[2]刺：斥责，指责。

[3]摭（zhí）：拾取；摘取。

[4]荷校：以枷加颈。校，枷。

[5]詈（lì）：骂；辱骂。

[6]磔（zhé）：一种分裂肢体的刑法。

译文：

到正统七年，太皇太后逝世，杨荣也已逝世，杨士奇因儿子杨稷被判了死罪而居家不出，杨溥也已老病，新的阁臣马愉、曹鼐名望较轻，于是，王振专横跋扈，不可控制。他在皇城东面建宏大的府第，修建智化寺，耗资巨大。又兴兵征讨麓川，西南为之骚动。侍读刘球因发生雷震而上疏陈述政事得失，指责王振。王振便将刘球投进监狱，派指挥使马顺将他肢解。大理寺少卿薛瑄、祭酒李时勉素来瞧不起王振，王振便借别的过错将薛瑄陷害得几乎至死，而李时勉竟被枷锁在国子监门前。御史李铎碰到王振不下跪，被贬往铁岭卫戍守。驸马都尉石璟骂家中的阉人，王振恨他轻贱自己的同类，将石璟投进监狱。他恨霸州知州张需禁饬牧马校卒，将他逮捕，并将选拔他的恩师王铎一并治罪。又将户部尚书刘中敷、侍郎吴玺、陈王常铐在长安门。凡是触犯了他或者他所恨的人，都被加罪贬职。宦官张环、顾忠，锦衣卫卒王永心中不平，以匿名信揭露王振的罪行。事发之后，他们都被押到市场肢解，不复奏皇上。

皇上正倾心向着王振，曾经称他为先生。赐给王振的敕书，极尽了褒美之辞。王振的权势越来越大，公侯勋戚称他为“翁父”。惧祸之徒争相依附王振，希望免于一死，以致向他贿赂的人不断。工部郎中王佑因善于巴结被提升为本部侍郎，兵部尚书徐晞等人多对他屈膝行礼。他的侄子王山、王林获荫任至都督指挥。私党马顺、郭敬、陈官、唐童等人也肆行无忌。后来，与瓦剌构祸，王振这才败了。

瓦剌是元朝的后裔。十四年，瓦剌太师也先来贡马，王振压低马价，使者愤怒而去。秋七月，也先大举入侵，王振挟皇上亲征。廷臣纷纷谏阻，皇上不听。到了宣府后，赶上大风雨，又有人进谏，王振更加狂怒。成国公朱勇等人向他请示汇报，都膝行而前。尚书邝埜、王佐触怒王振，被罚跪草中。他的党羽钦天监正彭德清借天象劝谏，王振也不听从。八月己酉，皇上驻扎大同，王振更想北上。镇守太监郭敬告诉他说敌势很强，王振这才害怕了。回师，到达双寨，雨很大。王振最初想取道紫荆关，经蔚州邀请皇上幸临他的家乡，又恐怕人马践踏家乡的庄稼，便又改道宣府。士兵们迂回奔走，壬戌才到土木堡。瓦剌兵追到，官军大败。皇上被俘，王振竟被乱军所杀。战败的消息传到朝廷，百官恸哭，都御史陈镒等人在朝廷上奏告王振的罪行，给事中王竑等人当场打死马顺和毛、王这两名宦官。郕王命将王山押往市场碎尸，并诛杀王振的其他党羽，王振家族不分老少全部斩首。王振专权七年，抄没他的家时，获得金银六十余库，玉盘一百只，高六七尺的珊瑚二十余株，其他珍玩无数。

启示：

明正统年间，对王振最有控制能力的人相继离去，他便以重典治臣，残酷地镇压那些反对自己专权和对自己不恭不敬之人。控制朝政后，王振不仅对内党同伐异，大耍淫威；对外也投机取巧，破坏边防，最终招致了蒙古瓦剌的进犯。根本不懂军事的王振，对瓦剌的军事进攻没有足够的认识，以为让英宗亲征，就能把瓦剌兵吓跑。结果明军大败于土木堡，不但五十万大军损失过半，就连一国之君明英宗也被掠去。正是他的“瞎指挥”和一意孤行导致了皇帝被俘，山河破碎，自己也身死族灭。

指导不能搞“瞎指挥”，决策也不能搞“一言堂”。不能没摸清情况就指手画脚，全凭个人好恶，不尊重科学规律，脑袋一热就让“关公战秦琼”。要坚持跳“集体舞”，不唱“独角戏”，增强领导干部的党性修养，制定严密的制度管权、管事、管人。如此方能杜绝“瞎指挥”“一言堂”现象，更好地发挥集体智慧的力量，形成推动事业发展的强大合力。

刘瑾：屡兴大狱 冤号遍道

刘瑾（1451年—1510年），陕西兴平人，明代宦官。曾任司礼监掌印太监等职。

原文：

瑾故急贿，凡入觐、出使官皆有厚献。给事中周钥勘事[1]归，以无金自杀。其党张彩曰："今天下所馈遗[2]公者，非必皆私财，往往贷京师，而归则以库金偿。公奈何敛怨贻患。"瑾然之。会御史欧阳云等十余人以故事[3]入赂，瑾皆举发致罪。乃遣给事、御史十四人分道盘察，有司争厚敛以补帑[4]。所遣人率阿瑾意，专务搏击，劾尚书顾佐、侣钟、韩文以下数十人。浙江盐运使杨奇逋课[5]死，至鬻[6]其女孙。而给事中安奎、潘希曾，御史赵时中、阮吉、张彧、刘子厉，以无重劾下狱。奎、彧枷且死，李东阳疏救，始释为民。希曾等亦皆杖斥，忤意者谪斥有差。又矫旨籍故都御史钱钺、礼部侍郎黄景、尚书秦纮家。凡瑾所逮捕，一家犯，邻里皆坐，或瞰河居者，以河外居民坐之。屡起大狱，冤号遍道路。

——《明史·卷三百四·列传第一百九十二》

注释：

[1]勘事：办事。

[2]馈遗：馈赠。

[3]故事：旧事例。

[4]帑：国库。

[5]逋课：指拖欠税赋。

[6]鬻（yù）：卖。

译文：

刘瑾原来急于索贿，凡官员入京朝见、出使，对他都有丰厚的贡献。给事中周钥办事回来，因为没钱自杀了。其党徒张彩说："如今天下所馈送给您的，并不都是私财。他们往往先在京师借贷，回去后再拿府库金钱来偿还。您何必怨恨而遗下祸患呢？"刘瑾赞同他的意见。正好御史欧阳云等十余人照老规矩来献贿，刘瑾全部揭发了他们，使他们都获了罪。他于是派给事中、御史十四人分道巡察，有关官员都争相聚敛钱财来填补府库。派出的人都迎合刘瑾的心意，专务打击，他们弹劾尚书顾佐、侣钟、韩文以下数十人。浙江盐运使杨奇已死，但还拖欠税额，以致于孙女被卖。而给事中安奎、潘希曾，御史赵时中、阮吉、张彧、刘子厉，因没有提出重大弹劾案而被下狱。安奎、张彧被枷到快死了，李东阳上疏营救，才被释放为民。潘希曾等人也被杖罚，忤逆者分别受到贬斥。他又假传圣旨，抄原都御史钱钺、礼部侍郎黄景、尚书秦纮的家。凡刘瑾所逮捕的，一家犯罪邻里都被连坐，有的住河岸上的，便以河对岸的居民连坐。他屡兴大狱，人民号哭喊冤，遍满道路。

启示：

明朝的宦官以专权而著名，最贪婪专权的就是号称“立皇帝”的刘瑾。当时，百姓都说北京城有两个皇帝：一个是金銮殿上的“坐”皇帝朱厚照，另一个是司礼监的掌印太监“立”皇帝刘瑾。刘瑾揭发贿赂他的官员，看似正义之举，实则为自己谋利。他当权五年，排斥异己，陷害忠良，最终落得个凌迟处死、千刀万剐的下场。据记载，刘瑾的行刑过程持续了三天，许多受害人的亲属花钱买他的一片肉去祭奠死者，也有生吃刘瑾肉以泄愤的。

当下，有些领导干部称要“始终锻造慎独自律的魅力，不做不仁之事、不沾不义之财、不染不正之风、不干违法之事”，声言要以“零容忍”态度正风肃纪，结果没过多久就被纪委查处。在台上那些“慷慨激昂”“信誓旦旦”的反腐语录和精彩表演，用“贼喊捉贼”来形容是再恰当不过了。对这种歪嘴念真经、口是心非的演技型官员，必须狠打，让其原形毕露。这也提醒我们在评判官员的好坏时，不能被他们一时的表象所迷惑，既要“听其言”，也要“观其行”，更要“察其质”。

严嵩：谄媚受宠　窃权罔利

严嵩（1480年—1567年），字惟中，江西新余人，明代大臣。曾任吏部尚书、谨身殿大学士、少傅兼太子太师，少师、华盖殿大学士等职。

原文：

居南京五年，以贺万寿节至京师。会廷议更修宋史，辅臣请留嵩以礼部尚书兼翰林学士董其事。及夏言入内阁，命嵩还掌部事。帝将祀献皇帝明堂，以配上帝。已[1]，又欲称宗入太庙。嵩与群臣议沮[2]之，帝不悦，著明堂或问示廷臣。嵩惶恐，尽改前说，条画礼仪甚备。礼成，赐金币。自是，益务为佞悦。帝上皇天上帝尊号、宝册，寻加上高皇帝尊谥圣号以配，嵩乃奏庆云见，请受群臣朝贺。又为庆云赋、大礼告成颂奏之，帝悦，命付史馆。寻加太子太保，从幸承天，赏赐与辅臣埒[3]。

嵩归日骄。诸宗藩请恤乞封，挟取贿赂。子世蕃又数关说诸曹[4]。南北给事、御史交章论贪污大臣，皆首嵩。嵩每被论，亟归诚于帝，事辄已。帝或以事谘嵩，所条对平无奇，帝必故称赏，欲以讽[5]止言者。嵩科第先夏言，而位下之。始倚言，事之谨，尝置酒邀言，躬诣其第，言辞不见。嵩布席，展所具启，跽[6]读。言谓嵩实下己，不疑也。帝以奉道尝御香叶冠，因刻沈水香冠五，赐言等。言不奉诏，帝怒甚。嵩因召对冠之，笼以轻纱。帝见，益内亲嵩。嵩遂倾言，斥之。言去，醮祀青词，非嵩无当帝意者。

——《明史·卷三百八·列传第一百九十六》

注释：

[1]已：不久。

[2]沮：阻止。

[3]埒（liè）：相等。

[4]诸曹：犹言各部，亦借指各部的官员。

[5]讽：用委婉含蓄的话暗示或规劝。

[6]跽（jì）：长跪，跪姿的一种。

译文：

在南京的第五年，严嵩以庆贺皇上生日来到京师。正好廷臣议论要修改《宋史》，宰辅大臣请求留下严嵩，让他以礼部尚书兼翰林学士的身份总领其事。到夏言入内阁后，便命严嵩回去执掌礼部事务。皇上将要在明堂祭祀献皇帝，让他配祭上帝。不久，又想给献皇帝上宗号，把他列入太庙。严嵩和群臣都提议反对，皇上很不高兴，就写了《明堂或问》一书给大臣们看。严嵩心里害怕，完全改变了之前的说法，还很细致地准备礼仪。仪式结束后，皇帝赐给他金币。此后，严嵩更加取悦谄媚于皇帝。为配祭皇天上帝，皇帝给他的父亲加尊号和宝册，之后又给高皇帝上尊谥和圣号。严嵩告诉皇帝有祥云之气出现，请皇帝接受群臣朝觐庆贺。他又写了《庆云赋》《大礼告成颂》奏递给皇帝，皇帝很高兴，命令主持编纂国史的机构珍藏。严嵩很快又被封为太子太保，在承天府侍奉皇帝，获得的赏赐与辅弼之臣相同。

严嵩回来更加骄横。受天子分封的各室诸侯想要请求抚恤和封爵，严嵩都要向他们收取贿赂。他的儿子世蕃，经常劝说各部门官员。从南到北的给事、御史纷纷议论贪污的大臣，严嵩成为他们列出的第一个人。严嵩每次被议论，就赶紧对皇帝说明自己的忠诚，事情往往不了了之。皇帝如果有事询问严嵩，他的回答都很平常，但皇帝还是故意表扬他，想告诉大臣们不要再议论此事。严嵩中进士早于夏言，可官位没有夏言高。起初他倚靠夏言，对他非常尊敬谨慎，曾经摆设筵席邀请夏言，而且还要亲自到他家中相请，但夏言推辞而不相见。严嵩在地上铺开席子，把准备的东西展开，跪在地上念了很长时间。夏言认为严嵩真的是尊敬自己，就不再怀疑他了。皇帝曾在祭祀路神时，戴过香叶冠，就制作了五顶沉水香冠，赏赐给夏言等大臣。

夏言没有接受，皇帝非常生气。在皇帝召见时严嵩却戴上香冠，还罩上一层轻纱。皇帝看见后，更加亲近严嵩。于是严嵩就排挤夏言，责骂他。夏言离开朝廷后，举行斋醮仪式时献给天神的青词，除严嵩外，没有人能让皇帝满意。

启示：

严嵩无疑是中国历史上“最成功”的政客之一，他凭借“高超”的谄媚技术和为玉皇大帝撰写的“青词”被擢升到宰相的高位。他谨小慎微地侍奉他的政治老板，表面上对人都和蔼可亲，但在排除他的政敌时，阴险狠毒之色就暴露无遗。他的工作并非处理国家大事，而是整天研究皇帝的脾气性格。

今年的春晚小品中有一段台词说：“我能清晰地说出每一位领导的喜好、星座、血型、生辰八字……”其实在我们身边也有这样的谄媚者。常言道，“千穿万穿，马屁不穿”。有些领导干部喜欢听溢美之词，久而久之，忠言越发逆耳，良药更加苦口，妄自尊大的脾气逐渐养成，党纪法规也就成了摆设。还有一些党员干部为了仕途顺利，不专心干好本职工作、不注重提升业务能力，反而醉心于讨好领导、巴结上级。如此歪风，严重影响了党和政府的形象，更污染了廉洁清明的政治生态。

魏忠贤：祸乱后宫　蒙主弄权

魏忠贤（1568年—1627年），字完吾，北直隶肃宁（今河北沧州）人，明代宦官。曾任司礼秉笔太监等职。

原文：

少无赖，与群恶少博，少胜，为所苦，恚[1]而自宫，变姓名曰李进忠。其后乃复姓，赐名忠贤云。忠贤自万历中选入宫，隶太监孙暹，夤缘[2]入甲字库，又求为皇长孙母王才人典[3]膳，谄事魏朝。朝数称忠贤于安，安亦善遇之。长孙乳媪[4]曰客氏，素私侍朝，所谓对食者也。及忠贤入，又通[5]焉。客氏遂薄朝而爱忠贤，两人深相结。

天启元年诏赐客氏香火田，叙忠贤治皇祖陵功。御史王心一谏，不听。及帝大婚，御史毕佐周、刘兰请遣客氏出外，大学士刘一燝亦言之。帝恋恋不忍舍，曰："皇后幼，赖媪保护，俟皇祖大葬议之。"忠贤颛客氏，逐魏朝。又忌王安持正，谋杀之，尽斥[6]安名下诸阉。客氏淫而狠。忠贤不知书，颇强记，猜忍阴毒，好谀。帝深信任此两人，两人势益张，用司礼临王体乾及李永贞、石元雅、涂文辅等为羽翼，宫中人莫敢忤。既而客氏出，复召入。御史周宗建、侍郎陈邦瞻、御史马鸣起、给事中侯震旸先后力诤，俱被诘责。给事中倪思辉、朱钦相、王心一复言之，并谪外，尚未指及忠贤也。忠贤乃劝帝选武阉、炼火器为内操，密结大学士沈潅为援。又日引帝为倡优声伎，狗马射猎。刑部主事刘宗周首劾之，帝大怒，赖大学士叶向高救免。

初，神宗在位久，怠于政事，章奏多不省[7]。廷臣渐立门户，以危言激论相尚，国本之争，指斥宫禁。宰辅大臣为言者所弹击，辄引疾避去。吏部郎顾宪成讲学东林书院，海内士大夫多附之，"东林"之名自是始。及忠贤势成，其党果谋倚之以倾东林。

——《明史·卷三百五·列传第一百九十三》

注释：

[1]恚：怨恨。

[2]夤（yín）缘：本指攀附上升，后喻攀附权贵，向上巴结。

[3]典：主持，主管。

[4]乳媪（ǎo）：乳母。

[5]通：勾结。

[6]斥：排斥。

[7]省：审阅。

译文：

年轻时候就是个无赖，和一群品行恶劣的年轻人赌博，输了，被他们搞得很苦，一气之下，自行阉割，化名为李进忠。他后来又改姓魏，皇帝给他赐名忠贤。魏忠贤在万历年间被选入宫，隶属于太监孙暹手下，通过巴结、攀附，调到内十库中的甲字库，又请求给皇帝长孙的母亲王才人主管膳食，对魏朝讨好奉承。魏朝多次对王安讲魏忠贤的好话，王安对魏忠贤也很关心。皇长孙的奶妈叫客氏，一向私自侍奉魏朝，和他相好如夫妇，他们就是宫内所谓的“对食者”。到魏忠贤进宫以后，客氏又和他勾搭上了。客氏于是薄待魏朝而爱魏忠贤，两人关系很深。

天启元年，皇帝下诏赐给客氏香火田，讲述魏忠贤治理定陵的功劳。御史王心一进谏，皇帝不听。到皇帝结婚以后，御史毕佐周、刘兰请求把客氏遣出宫外，大学士刘一燝也这样说。皇帝依恋客氏不忍分离，说“皇后年幼，全靠老太照顾，等明神宗的葬礼举行后再说。”魏忠贤独占客氏，赶走魏朝。又怕王安主持正义，谋杀了他，便把王安手下的太监全部排斥掉。客氏是个荒淫而又狠毒的人。魏忠贤不会写字，记性很好，为人猜忌、残忍阴毒，很会讨好拍马。皇帝非常信任这两个人，两个人的势力越来越大，用司礼太监王体乾和李永贞、石元雅、涂文辅等做党羽，宫里的人对他们都不敢冒犯。不久，客氏离开了皇宫，又召回。御史周宗建、侍郎陈邦瞻、御史马鸣起、给事中侯震旸先后极力劝谏，都受到反问、斥责。给事中倪思辉、朱钦相、王心一再次进谏，都被贬到外地，其实他们在指责客氏时还没有涉及魏忠贤。魏忠贤竟然劝皇帝挑选粗壮有力的宦官，制造使用火药的武器，在皇宫内操练，秘密勾结大学士沈纮为帮手。又经常勾引皇帝与唱戏的人、歌伎舞女混在一起，纵狗策马，射箭打猎。刑部主事刘宗周首先弹劾魏忠贤，皇帝大怒，全靠大学士叶向高解救才得以免罪。

当初，神宗皇帝在位时间很长，懒于过问国家大事，大部分奏章都不看。朝臣逐渐分成党派，故意做惊人的言辞、激烈的论调，以压倒对方，抬高自己。在争论朱常洛和朱常洵谁应该当皇太子的问题上，指责宫廷。内阁大臣被监察方面的官员弹劾攻击就说有病辞职走了。吏部郎顾宪成在东林书院讲学，各地读书做官的人多数向他靠拢，“东林”的名字就是从这里开始的。到魏忠贤势力形成后，这些人果然企图依靠他来打倒东林党。

启示：

魏忠贤能掌权当道，专断国政，与皇帝的纵容庇佑和政令不通有很大关系。天启皇帝整日沉浸在他最感兴趣的木工活上，很少打理朝政，魏忠贤就总是趁他做木工做得全神贯注时，拿重要的奏章请皇帝批阅，皇帝随口便说，我知道了，你看着办吧。就这样，魏忠贤逐渐独揽朝政，造成上下不通、政令不畅的局面，以致人们“只知有忠贤，而不知有皇上”。

俗话说，政通则人和，政通则国兴。政令不畅小则影响领导者的决策执行，大则影响整个国家建设和进步。上传下达不到，会使上级不能很好地了解实情真情；言路不通不畅，会使决策者变成聋子瞎子，严重脱离实际，脱离群众。因为再优的措施，政令不畅等于白搭；再好的决策，政令不畅，也无法又好又快地落实。因此，政令畅通是令行禁止的关键，是政治能够清明畅达的保证。

明珠：罗织党羽　朋比为奸

纳兰·明珠（1635年—1708年），叶赫那拉氏，字端范，满洲正黄旗人，清代大臣。曾任内务府总管、刑部尚书、兵部尚书、都察院左都御史、武英殿大学士、太子太傅等职。

原文：

二十七年，御史郭琇疏劾："明珠、国柱[1]背公营私，阁中票拟[2]皆出明珠指麾，轻重任意。国柱承其风旨，即有舛错，同官莫敢驳正。圣明时有诘责，漫无省改。凡奉谕旨或称善，明珠则曰'由我力荐'；或称不善，明珠则曰'上意不喜，我从容挽救'；且任意附益，市恩立威，因而要结群心，挟取货贿。日奏事毕，出中左门，满、汉部院诸臣拱立以待，密语移时，上意罔不宣露。部院事稍有关系者，必请命而行。明珠广结党羽，满洲则佛伦、格斯特及其族侄富拉塔、锡珠等，凡会议会推[3]，力为把持；汉人则国柱为之囊橐，督抚藩臬员缺，国柱等展转徵贿，必满欲而后止。康熙二十三年学道报满应升者，率往论价，缺皆预定。靳辅与明珠交结，初议开下河，以为当任辅，欣然欲行。及上欲别任，则以于成龙方沐上眷，举以应命，而成龙官止按察使，题奏权仍属辅，此时未有阻挠意也。及辅张大其事，与成龙议不合，乃始一力阻挠。明珠自知罪戾[4]，对人柔颜甘语，百计款曲[5]，而阴行鸷害，意毒谋险。最忌者言官，惟恐发其奸状，考选科道，辄与订约，章奏必使先闻。当佛伦为左都御史，见御史李兴谦屡疏称旨，吴震方颇有弹劾，即令借事排陷。明珠智术足以弥缝罪恶，又有国柱奸谋附和，负恩乱政。伏冀立加严谴。"

——《清史稿·卷二百六十九·列传第五十六》

注释：

[1]国柱：余国柱，字两石，康熙年间官至武英殿大学士、吏部尚书。

[2]票拟：明清内阁代皇帝批答臣僚章奏，先将拟定之辞书写于票签，附本进呈皇帝裁决，称为“票拟”。清代设军机处后，重要奏章改用奏折，此制遂废。

[3]会推：会同推荐选任。

[4]罪戾：罪愆。

[5]款曲：衷情，殷勤诚挚的心意。

译文：

康熙二十七年，御史郭琇上疏弹劾："明珠、国柱暗地里结党营私，内阁中的票拟大都是出自明珠的授意，轻重任命都由他任意而为。国柱按照明珠的旨意办事，即使有缪错，同僚官员也无人敢辩驳纠正。皇上有时会责问，但他们并不悔改。凡是奉皇帝御旨办事获得好评者，明珠都说：'是由我鼎力推荐的'；或有不符合上谕的，明珠则对办事的人说：'皇帝不喜欢，我会帮你从容挽救的'；而且任意附会，显示对下属的恩惠从而树立自己的威信，通过这种方式收买人心，收取别人财物。他每日上朝奏事完毕，出了中左门，满汉部院诸臣及其心腹都恭恭敬敬地站着等他，皆密语片刻，皇上的意图无不宣露。部院衙门稍有与明珠有关系之事，一定请示其命而行。明珠广结党羽，满人则有佛伦、格斯特及其同族侄子富拉塔、锡珠等，所有会议会推，都由他们把持；汉人则余国柱与之结为死党，督抚籓臬有空缺，国柱等人辗转收取贿赂，满足了其欲望之后才停止。康熙二十三年，在学道报名的应升者，都前去讨论价格，空缺的位置都被提前预定。靳辅和明珠勾结，当初讨论开濬下河河道时，他们以为皇帝一定会委任靳辅，高兴的想立即走马上任。等到皇帝欲委派别人时，因为于成龙圣眷正隆，而被提名任命，而于成龙仅仅是按察使，上奏的权力仍属于靳辅，这时候明珠并没有阻扰的意思。等到靳辅准备大修河道时，与于成龙意见不合，于是二人合力阻挠。明珠自知罪孽深重，与人表面上和颜悦色，极尽款待，但背后却设计陷害，用心十分阴险。他们最忌讳的就是言官，惟恐言官揭发他们的罪行，考选科道之事，都与言官合作，奏章一定使言官们提前知道。佛伦为左都御史时，见御史李兴谦的多次上疏都符合圣意，吴震方对此多次弹劾，明珠他们就借助事由将吴震方排挤构陷。明珠的才智计谋足以掩盖其罪恶，又有国柱的奸谋计策与之附和，辜负皇恩扰乱政治。请求立即严厉谴责。”

启示：

明珠擅长笼络人，“见人辄用甘语柔颜，以钩探其衷曲”。作为康熙朝的重臣，他权倾朝野，以“相国”荣称，官居内阁13年，“掌仪天下之政”。然而在公元1688年，一代权相纳兰明珠却因“贪污受贿，结党营私，负恩乱政”被捕下狱。

子曰：“君子矜而不争，群而不党。”意思是说，君子与人团结，而不是相互勾结。近年来，几乎每一个落马官员，多多少少都有结党营私之嫌。他们有的是多年合作的“老朋友”，有的是“互帮互助”的老乡，有的是“趣味相投”的共同爱好者。他们通过各种途径、手段进行着权钱交易、利益输送，成为危害和破坏政治生态的一大毒瘤。中央政法委曾明确要求，要自觉按照党章、党内政治生活准则和各项规矩办事，决不允许把上下级关系变成人身依附关系，决不允许搞团团伙伙、结党营私、拉帮结派。

琦善：擅予香港　擅许通商

博尔济吉特·琦善（1786年—1854年），字静庵，博尔济吉特氏人，满洲正黄旗人，清朝大臣。曾任刑部员外郎、河南巡抚、直隶总督、两广总督等职。

原文：

琦善久膺疆寄，为宣宗所倚任。二十年，海疆事急，驻天津筹办防务。八月，英兵船至海口，投书乞通商，诉林则徐、邓廷桢等烧烟启衅[1]。琦善招宴[2]英领事义律及兵官，许以代奏。遂入觐面陈，授钦差大臣，赴广东查办。谕沿海疆吏但防要隘，遇英船毋开炮，义律乃率船回粤。寻罢则徐、廷桢，命琦善署两广总督兼粤海关监督。

义律数索香港，志在必得，琦善当事急，佯许之而不敢上闻。至是，义律献出所踞炮台，并原缴还定海以易香港全岛，别议通商章程。琦善亲与相见莲花城定议，往返传语，由差遣之鲍鹏将事，同城将军、巡抚皆不预知。及英人占踞香港，出示[3]安民，巡抚怡良奏闻，琦善方疏陈："地势无可扼，军械无可恃，兵力不固，民情不坚，如与交锋，实无把握，不如暂事羁縻[4]。"上益怒，诏斥琦善擅予香港，擅许通商之罪，褫职[5]逮治，籍没家产。

——《清史稿·卷三百七十·列传第一百五十七》

注释：

[1]启衅：引发嫌隙；挑起争端。

[2]招宴：邀请参加酒宴。

[3]出示：告示。

[4]羁縻：笼络；怀柔。

[5]褫（chǐ）职：革去官职。

译文：

琦善长期担任边疆大吏，深得道光皇帝的倚重。道光二十年，沿海地区事态紧急，琦善驻守天津筹办海防事宜。八月，英国兵船行至天津海口，投递书信乞求清政府允许其通商，并控诉林则徐、邓廷桢等人烧毁英国人鸦片挑起边衅。琦善设宴招待英国领事义律及其官兵，许诺代替英国人奏明皇帝。于是，琦善觐见皇帝并当面陈述英国人的请求，道光帝将琦善封为钦差大臣，令其赴广东查办夷务事宜。

并下令沿海官吏加紧关隘防务，遇到英国船只不要开炮，义律于是率领船队返回广东。不久，林则徐、邓廷桢被罢免，琦善署理两广总督兼广东省海关监督。

义律多次索要香港，志在必得，因为事情紧急，琦善假装将香港岛许诺给义律，而不敢让皇帝知道此事。至此，义律献出所占据的炮台，并愿意交还定海以换取香港全岛，通商章程等以后再议。琦善亲自前往莲花池与义律商定协议，差遣鲍鹏往返传话，广州城的将军、巡抚提前都不知道此事。等到英国人占据香港岛，贴出安民告示后，巡抚怡良奏报道光皇帝，琦善才上奏陈述说："地势不足以把守，武器装备不足以依赖，兵力不足，民众抵抗决心不坚决，如果与英军交战，实在没有把握，不如暂且安抚议和。"道光皇帝更加愤怒，下诏斥责琦善擅自将香港岛许与英国、擅自允许洋人通商的罪行，将其革职拘押，没收家产。

启示：

翻阅史籍，忠奸分明，好坏一目了然。在坏人的队伍中，琦善属于最坏的一类，因为他犯有不可赦免的罪行——卖国。琦善"卖国贼"的千古骂名源于他在鸦片战争中的所作所为：撤防、不援虎门、割让香港……每当读及清政府的"量中华之物力，结与国之欢心"时，无不痛感中华民族所蒙受的奇耻大辱。自1840年鸦片战争爆发到1912年清朝灭亡的72年间，清政府与外国政府或外商、国际组织签订的不平等条约、契约、协约和合约达一千多个。清廷不断出卖国家与民族的利益，满足列强的种种要求，终成为帝国主义统治中国的走狗与工具。

正如《地道战》里民兵队长高传宝那句“100多鬼子，200多伪军想来破坏我们的地道”在不经意间透露出的一个残酷而尴尬的史实：为何伪军总比鬼子多？那是因为在国家兴衰存亡的关键时刻，有的人把个人利益看得比国家利益还重，取舍时不是看是否对国家有利，而是以是否对自己有利为标准。“国家兴亡，匹夫有责。”我们每个人都应树立“报效祖国光荣，投敌叛国可耻”的荣辱观，坚持国家利益至上，要认识到国家利益才是最大多数人民的最根本最长远的利益，正确处理个人利益和国家利益关系，做一个自觉维护国家安全的公民。

后记

BAIGUAN
JIANCHA

《礼记·大学》曰："古之欲明明德于天下者，先治其国。欲治其国者，先齐其家，欲齐其家者， 先修其身。欲修其身者，先正其心……心正而后身修，身修而后家齐，家齐而后国治，国治而后天下平。"是故，治国必先治吏，治吏先正其心。为此，编写了这本《百官鉴察》，希望能为大家提供镜鉴，在促进党员干部、个人砥砺廉政品格、弘扬清风正气方面有所助益。

史海浩瀚，烟波缥缈，一部青史上演了多少官员的人生起伏，欢喜悲歌。本书上至三代，下至明清，按照廉洁、贪腐、忠正、奸佞四张"脸谱"，甄选了100名典型官员，他们忠奸善恶有别，命运结局迥异，从正反两个方面给人深刻的反思和启迪。明鉴可以照形，古事可以察今。透过他们，我们可以看出现实生活的影子，得到有益的启示，找到正确的人生方向。

回首编书的那段时光，心情久久不能平息。年初，汾酒集团党委王敬民书记与我谈及整理中国古代历史中廉、贪、忠、奸四类型故事的想法。当时困难没有多想，只觉得这是一件非常有意义的事情，既与当下中央大力倡导的反腐倡廉形势紧密契合，又能在整理历史典故的过程中，感悟国学精粹，加深对现实反腐的认识。于是，我便主动请缨编纂此书。随后，我会同汾酒集团党委工作部郭建龙、胡雅微、逯露、王智勇四位同志，开始了编纂工作。我们利用下班、节假日时间， 爬梳史料，点选人物，删减文字。其间，王敬民书记在各个方面给予了帮助和指导。同时，对在编书过程中，汾酒集团公司领导、党委工作部同仁给予我们许多帮助，在此表示诚挚的感谢！

我们五位年轻同志，均属于八〇后，社会阅历不足，人生积淀尚浅，思想水平、认识水平和文字水平都很有限，加之缺乏编书经验，故疏漏与不足在所难免，望广大读者批评指正。

贾春浩

2015年10月于酒都·杏花村